Kr. Sandfeld
Vie et œuvre

Gunver Skytte

Kr. Sandfeld
Vie et œuvre

MUSEUM TUSCULANUM PRESS
University of Copenhagen 1994

© Copyright Museum Tusculanum Press 1994
Composition: Ole Klitgaard
Imprimé au Danemark par AiO Tryk a-s, Odense
ISBN 87 7289 293 5

Publication subventionnée par:
Dronning Margrethes og Prins Henriks Fond
l'Ambassade de France au Danemark
Knud Henders Fond
Birthe og Knud Togebys Fond
Faculté des lettres, l'Université de Copenhague

MUSEUM TUSCULANUM PRESS
University of Copenhagen
Njalsgade 92
DK-2300 Copenhagen S.

PRÉFACE

Cet exposé est la version française d'une biographie, publiée en danois en 1991, sur le grand romaniste et balkaniste danois Kr. Sandfeld (1873-1942).

Les travaux de Kr. Sandfeld sur la syntaxe du français ont été d'une importance incomparable pour les études romanes du XXe siècle au Danemark et en Scandinavie. Et la *Linguistique balkanique*, considérée comme oeuvre pionnière et comme base de la balkanistique, est citée régulièrement dans les bibliographies des études balkanistiques.

Appartenant moi-même aux héritiers scandinaves de la tradition de Sandfeld, j'ai désiré explorer de plus près son oeuvre et son activité scientifique pour mieux comprendre l'étendue de l'héritage linguistique qu'il a laissé à la génération contemporaine de romanistes. En effet, celle-ci sera confrontée avec le nom de Sandfeld surtout, et peut-être exclusivement, dans les grammaires, qui, faute d'exemples valables, ont recours au corpus énorme sur lequel s'appuient ses travaux. Ainsi, en l'identifiant uniquement avec une récolte d'exemples grammaticaux, on risque facilement de ne guère lui attribuer d'originalité. Au lieu d'une telle impression, ma lecture de l'ouvrage de Sandfeld m'a révélé une remarquable originalité et une nette modernité par rapport au milieu linguistique de ses contemporains, et j'ai pu constater, en outre, que le legs transmis à ses élèves dépasse de beaucoup une simple «récolte d'exemples».

Il est assez difficile de distinguer la personnalité de l'homme privé de celle du chercheur (et du pédagogue). C'est pour cette raison que j'ai aussi abordé ici, dans une mesure jugée convenable, la vie privée de Sandfeld.

Quant à l'oeuvre scientifique, je crois qu'on n'arrive jamais à l'interpréter ni à l'évaluer de façon définitive, surtout s'il s'agit d'un savant qui, bien que décédé il y a 50 ans, appartient à notre siècle. Mon approche de l'oeuvre linguistique de Sandfeld se base avant tout sur la lecture et l'analyse de ses travaux, effectuées dans l'optique de sa formation et de ses contacts professionnels. En outre, j'ai examiné l'accueil fait à cette oeuvre par les contemporains de son auteur et par la postérité. Pour ce qui est des contemporains, on peut se servir de la documentation immédiate et relativement claire qu'on trouve dans les comptes rendus. Par contre, il est nettement plus difficile d'explorer de façon objective l'attitude de la postérité, souvent moins explicite, volontairement ou involontairement voilée.

J'ai une dette inestimable envers le fils de Kr. Sandfeld, l'historien Gunnar Sandfeld, qui m'a aidée en mettant à ma disposition toute la documentation et toutes les informations qu'il possède sur les activités de son père.

Je remercie F. J. Billeskov Jansen et Eli Fischer-Jørgensen, qui, ayant eu Sandfeld comme maître, m'ont gentiment communiqué leurs impressions personnelles sur lui, et Alf Lombard, qui a suivi avec un vif intérêt mes recherches sur son collègue bien-aimé.

J'adresse à Ghani Merad mes remerciements chaleureux et reconnaissants pour la patience, la collaboration amicale et les précieux conseils qu'il m'a donnés tout en corrigeant et en améliorant l'élaboration linguistique de ce texte. De plus, Ghani Merad a accepté de traduire en français les passages suivants: *Curriculum vitae lié au doctorat. Annales de l'Université de Copenhague 1900* (II, p. 10-11); *Hilsen til Otto Jespersen paa firs-aars-dagen 16. juli 1940* (II, p. 18); *Copie de la lettre dont on dit que Dieu lui-même l'a écrite* (Lettre du ciel, II, p. 23-24); *Lettre à Monsieur Jakobsen* (II, p. 26-27); *Voyage de Vilh. Thomsen en Finlande* (V, 63-65).

Pour le soutien économique qui a rendu possible la publication de cet ouvrage, je tiens à remercier *Dronning Margrethes og Prins Henriks Fond*, l'*Ambassade de France au Danemark*, *Knud Henders Fond*, *Birthe og Knud Togebys Fond* et *Det humanistiske fakultet, Københavns Universitet*.

Vedbæk, près de Copenhague, novembre 1993   *Gunver Skytte*

I

In memoriam Kr. Sandfeld

Kr. Sandfeld est décédé le 22 octobre 1942, trois mois avant son 70ᵉ anniversaire (le 17 janvier 1943). Un groupe de collègues, élèves et amis (entre autres Viggo et Rosally Brøndal, Andreas Blinkenberg, Otto Jespersen, Alf Lombard, Hedvig Olsen, Holger Pedersen, Holger Sten et Knud Togeby) avaient déjà en préparation un volume de mélanges pour cet anniversaire, qui sera publié comme ouvrage commémoratif le 17 janvier 1943.

In memoriam Kr. Sandfeld présente un choix d'articles, de haute qualité, représentatifs du vaste champ de recherche auquel Kr. Sandfeld avait dédié ses études. C'est une expression très claire du respect professionnel dont était entouré le grand romaniste par ses contemporains.

Le respect et l'estime pour ses qualités humaines sont exprimés d'une façon encore plus directe dans les nombreux articles et discours nécrologiques parus dans les journaux ou prononcés dans les sociétés scientifiques.

La dernière photo officielle de Sandfeld, sans doute, reflète très bien les traits de caractère indiqués dans les nécrologies par ses élèves, ses collègues et ses amis de jeunesse ou ceux du pays de son enfance, Vejle (situé au Jutland), pays qu'il n'avait jamais oublié. Sandfeld était surtout calme, silencieux, modeste et aimable dans le sens le plus positif. La voix calme, rappelée par ses élèves, et la taciturnité semblent s'harmoniser avec la modestie totale de sa vie. «Quand il faisait ses cours, il était objectif et dépassionné, évitant toute façon de grandiloquence» observe son collègue Viggo Brøndal (1887-1942), professeur de philologie romane à Copenhague depuis 1928.

Kr. Sandfeld était un observateur perspicace et il savait transmettre cette capacité à ses auditeurs. Homme de devoir, il exigeait beaucoup aussi de ses élèves, surtout à l'occasion des examens où il était très sévère. Néanmoins «le professeur idéal» (comme l'a désigné avec révérence dans sa nécrologie Holger Sten (1907-71), professeur de philologie romane et successeur de Sandfeld à l'université de Copenhague depuis 1943) était toujours aimé de ses élèves.

Selon Andreas Blinkenberg (1893-1982, professeur de philologie romane à l'université de Aarhus 1934-63), le caractère taciturne de Sandfeld s'explique par l'origine jutlandaise (au Danemark, on dit généralement que les natifs du Jutland sont taciturnes). Cette taciturnité, du reste, était combinée avec un sens de l'humour froid.

Enfin Viggo Brøndal rappelle la loyauté de son collègue: malgré les évidentes différences d'attitude scientifique, les rapports entre les deux hommes étaient toujours positifs. Dans la vie privée, Brøndal et sa femme Rosally, étaient parmi les amis de la famille Sandfeld.

Dans les nécrologies des amis privés, Sandfeld est décrit comme un chercheur infatigable qui aimait sa famille et dont les loisirs de prédilection étaient le jardinage.

La femme de Kr. Sandfeld – centre de la vie en famille – s'occupait du ménage, et faisait bon accueil à tous les amis de la jeune génération. Le dimanche, la maison de Sandfeld pullulait de monde: le maître de céans était toujours plongé dans son travail, mais gardant la porte de son bureau grande ouverte.

Cependant, à la différence des portraits concordants de l'homme privé auxquels nous venons de nous référer, les opinions sur l'importance de l'oeuvre scientifique et sur l'apport aux recherches linguistiques en général de Kr. Sandfeld ne sont pas du tout unanimes. Quelle avait été la contribution réelle de Sandfeld à la linguistique? Quel avait été son champ particulier? Avait-il été un pionnier ou avait-il plutôt fondé ses recherches sur des principes déjà tracés par ses prédécesseurs?

Pour Andreas Blinkenberg, Kr. Sandfeld n'était pas un révolutionnaire. À l'occasion du 70e anniversaire de Sandfeld, le 17 janvier 1943, Blinkenberg dédie à sa mémoire une chronique, publiée dans le journal danois *Politiken*, dans laquelle il note ceci: «Au début de sa carrière scientifique, Kr. Sandfeld avait déjà à sa disposition une méthode solide qu'il pouvait suivre et des champs à explorer... alors, pourquoi se perdre dans des réflexions sur les fondements des idées?» À l'appui de l'assertion que Sandfeld était un fidèle de la linguistique historique et comparative du 19ième siècle, Blinkenberg cite un passage de la *Sprogvidenskaben* (1923, 2e éd., p. 6), dans lequel Sandfeld déclare que «toute explication linguistique de nos jours est de caractère historico-comparatif», pour en déduire que Sandfeld, par cela, révèle son adhésion à cette méthode, comme s'il s'agissait là d'une profession de foi. Selon cette interprétation, la contribution de Sandfeld à la linguistique se réduirait au fait d'avoir infatigablement récolté des observations. Comme les autres nécrologues, Blinkenberg note aussi l'importance exceptionnelle des études de Sandfeld sur la linguistique balkanique. Par contre, il semble être le seul à considérer ces études comme l'apport essentiel de l'oeuvre sandfeldienne. Les ouvrages de la syntaxe française dont on relève «les détails innombrables ... analysés avec une compétence incontestable» ne se trouvent guère au même niveau.

On s'étonne du contraste entre le jugement de Blinkenberg sur Sandfeld et l'héritage que Blinkenberg, en fait, a reçu de son maître, et que, de son côté, il a transmis à la postérité. C'est, par exemple, le cas de l'attention pénétrante accordée par Sandfeld à la description sémantique, que Blinkenberg a poussée plus loin et transmise à la génération suivante des romanistes danois. Il s'agit de qualités tout à fait différentes de celles des «détails innombrables» et de l'accumulation des exemples, qui, en revanche, ont été transmis surtout grâce aux oeuvres grammaticales de Knud Togeby (1918-74, professeur de philologie romane à l'université de Copenhague 1955-74). Comme nous l'avons déjà fait observer, c'est principalement – et, selon nous, injustement – à cette dernière qualité qu'on identifie l'apport de Sandfeld. Le cas du disciple qui ne sait pas reconnaître la valeur de l'héritage du maître n'est pas isolé dans l'histoire des sciences.

Outre la syntaxe française et la linguistique balkanique, Blinkenberg signale aussi les ouvrages de Sandfeld dans le cadre de la linguistique générale et ceux touchant à la linguistique et à la lexicographie danoises. Ce sont les mêmes champs mentionnés aussi par Holger Pedersen (1867-1953, professeur à l'université de Copenhague 1903-37, et à partir de 1914, professeur de linguistique comparée, successeur de Vilh. Thomsen) dans son discours commémoratif (*Videnskabernes selskab* – (La Société danoise des sciences) – le 5 février 1943) et par Holger Sten dans sa nécrologie (*Universitetets festskrift*, novembre 1943).

Ces deux écrits, postérieurs à celui de Blinkenberg, reviennent de façon remarquable sur le passage de la *Sprogvidenskaben* cité par Blinkenberg. Sans même mentionner son nom, pour éviter de polémiquer, on discute la phrase «toute explication linguistique de nos jours est de caractère historico-comparatif» en l'interprétant plutôt comme une constatation que comme une profession de foi. En soulignant l'attention prêtée par Sandfeld à la sémantique et à l'interprétation psychologique de la syntaxe, Holger Pedersen affirme: «Encore en 1898, Sandfeld avait parlé de «la phonétique historique sur laquelle est fondée toute recherche linguistique» *(Dania,* V, 241). Mais déjà à cette époque il s'était éloigné de cette conception (il ne faut pas faire de confusion à propos de la phrase, *Sprogvidenskaben*, p. 6: «toute explication linguistique de nos jours est de caractère historico-comparatif»). Et peu de temps après il a tourné toute son attention vers (la phonétique et) la syntaxe, les champs de recherche les plus favorables pour «écouter la croissance des herbes» et regarder de plus près les lois générales de l'évolution des langues.»

Holger Pedersen tient à souligner la prédilection de Sandfeld pour les faits *concrets*: «les constructions abstraites et les définitions stériles» lui étaient étrangères (pour ceux qui connaissent bien Holger Pedersen, il y a ici une allusion évidente à l'oeuvre de Viggo Brøndal).

Et Holger Sten y souscrit en déclarant (p. 121-22): «La formation scientifique de Sandfeld a eu lieu, comme on sait, dans l'apogée de la linguistique historique, et en conséquence, son livre [*Sprogvidenskaben*] sera une mise au point des résultats de l'école diachronique. L'exposé comprend soit une description de la vie et de l'évolution («les changements») de la langue, soit une caractéristique des langues selon le critère génétique. Que les langues soient exposées à des changements, personne ne peut le nier, et Sandfeld, en effet, a donné des explications perspicaces et originales quant au type de changement, comme toujours, fondées sur les nombreux exemples concrets de son expérience professionnelle. Mais, en réalité, il s'est dégagé prématurément du culte exclusif de la linguistique historique. Dans la préface à la 2e éd. de la *Sprogvidenskaben*, il dit d'une manière explicite qu'il aurait préféré traiter, à côté de l'aspect historique, aussi des autres questions linguistiques; et ses grands manuels syntaxiques sont de caractère descriptif. Il a déclaré, pendant une leçon, qu'on ne devait pas considérer le français ancien comme objet de la linguistique historique, comme lien intermédiaire entre le latin et le français moderne, mais plutôt comme une langue indépendante avec ses propres lois».

Selon Louis Hjelmslev (1899-1965, professeur de linguistique comparée depuis 1937), dans sa nécrologie parue dans *Acta Linguistica*, IV, 1944, p. 136-39, il n'y a pas de doute sur l'originalité de l'activité scientifique de Sandfeld, dans laquelle il distingue trois directions: la linguistique générale, la linguistique synchronique et l'étude des associations des langues. En ce qui concerne la *linguistique synchronique*, Hjelmslev dit ceci: «On n'exagère pas en le [S.] caractérisant comme un des fondateurs de cette discipline. La plus grande partie de la production scientifique de Sandfeld est consacrée aux études synchroniques; ces travaux, très originaux et très nourris, ont commencé à paraître à une date où la linguistique synchronique n'était pas à la mode, et ont frayé la voie à un renouvellement des conceptions linguistiques. C'est surtout dans ces travaux que se montre l'originalité des méthodes de Sandfeld.» (p. 137). Encore une fois, la *Sprogvidenskaben* est citée, et Hjelmslev nous rappelle que Sandfeld lui-même a dit expressément dans la deuxième édition de l'ouvrage que «l'auteur avait prévu une édition élargie qui devait tenir compte de la linguistique synchronique, tâche qui était empêchée par des circonstances indépendantes de sa volonté» (p. 137). Il s'agit d'une allusion aux travaux lexicographiques fatigants. En outre, Hjelmslev fait remarquer le réalisme qui caractérise la méthodologie de Sandfeld: «Il concevait la science du langage non comme une théorie plus ou moins en l'air, mais comme un ensemble d'études comparatives fondées sur des observations très concrètes.» (p. 137). Un des traits caractéristiques du procédé de Sandfeld est la capacité d'exprimer sa théorie d'une façon indirecte, par ex. par le classement des phénomènes linguistiques: «[il] se révèle comme un systématiseur très averti et quelquefois très original;...» (p. 137). En lisant ces jugements de Louis Hjelmslev, on ne peut pas douter de son respect et de son affection pour son maître. Louis Hjelmslev, à son tour, était en général fortement intéressé par la personnalité des chercheurs (un côté de ses intérêts peu connu): il en existe plusieurs exemples, très beaux, en particulier sa biographie de Rasmus Rask (*Commentaires sur la vie et l'oeuvre de Rasmus Rask*, *Conférences de l'Institut de Linguistique de l'Université de Paris X*, Paris 1950-51, p. 143-57; publié par Thomas A. Sebeok (éd.), *Portraits of Linguists*, Bloomington, 1966, p. 179-95).

Parmi les nécrologies des collègues étrangers (probablement, à cause de la guerre, la mort de Sandfeld est passée presque inaperçue dans le monde linguistique international) il faut rappeler surtout celle, très personnelle, de Alf Lombard (*Zeitschrift für romanische Philologie*, 1944, p. 441-48), riche d'observations perspicaces sur l'oeuvre de Kr. Sandfeld, et de laquelle émane l'admiration du jeune linguiste suédois pour le grand romaniste danois. Sandfeld, de son côté, avait beaucoup d'estime pour la personnalité et les oeuvres de son jeune collègue.

Les nécrologies des collègues roumains (parmi lesquels Alf Rosetti) témoignent de la haute considération qu'on avait pour Sandfeld en Roumanie.

Le caractère insolite de la production de Sandfeld, son objectivité et ses recherches synchroniques «im Sinne De

Saussures» sont relevés par Jakob Jud dans *Vox Romanica*, 6, 1941/42 (p. 400-01).

Viggo Brøndal, de quatorze ans plus jeune que Sandfeld, était, au moment de la mort de celui-ci, gravement malade, et il mourut dans la même année. Dans une lettre de condoléances très émouvante adressée à Mme Sandfeld (le 24 octobre 1942), Rosally Brøndal, la femme de Brøndal, linguiste elle aussi, raconte que son mari, bien que malade, compte assister aux funérailles de Kr. Sandfeld. En réalité, il était trop malade pour le faire; cependant, chose significative pour les relations entre les deux grands romanistes, il eut néanmoins la force d'écrire une notice commémorative (publiée dans le journal danois *Nationaltidende*, le 24 octobre 1942) qui avait presque le caractère d'une prophétie: «Immédiatement on est tenté de comparer Sandfeld avec son célèbre prédécesseur Kristoffer Nyrop, qui, comme maître, écrivain et personnalité était doué de qualités nettement plus brillantes. Toutefois, ceux qui sont compétents en la matière, doivent se demander s'il n'est pas plus probable que les études solides de Sandfeld, qui, par leurs propriétés particulières, offriront toujours la possibilité d'être complétées et combinées par synthèse, finiront par donner des résultats des plus fructueux à la postérité.»

Viggo Brøndal est décédé le 14 décembre 1942. Sa prophétie sur Sandfeld devait s'avérer.

II

Jeunesse et débuts dans le monde des sciences

Curriculum vitae lié au doctorat. Annales de l'Université de Copenhague 1900 (p. 135 ss.)

Moi, *Jens Kristian Sandfeld Jensen*, je suis né le 17 janvier 1873 à Vejle, où mon père, A. K. Jensen, était rédacteur et ensuite épicier. Mes parents étant morts prématurément, je fus alors recueilli par mon actuel beau-père Rosendal, directeur de l'Ecole Supérieure Populaire de Lyngby, à l'époque directeur de celle de Vinding, près de Vejle. Déjà durant ma scolarité, je décidai assez tôt d'étudier les langues, en particulier la philologie classique. Mais, influencé par l'histoire de la langue française du professeur Nyrop, avec laquelle je fis connaissance pendant ma dernière année scolaire, sous forme de copie, je me mis, devenu étudiant après 1891, à étudier la philologie romane, avec le latin et le danois comme matières secondaires. En 1892, je passai l'épreuve de philosophie (avec une note moyenne) et, la même année, je passai le concours organisé par la Société philologico-historique sur le sujet «L'Ecole des femmes de Molière»: ma copie fut publiée en 1893 dans les «Etudes» de ladite Société. Là-dessus, mes études prirent une direction qui m'éloigna de la préparation des examens. Ce fut de plus en plus le côté purement linguistique du programme qui m'attira et j'eus le bonheur, grâce à diverses aides en tout genre durant plusieurs années, de consacrer tout mon temps aux études linguistiques. Le point de rencontre de celles-ci, je le trouvai dans la langue roumaine, dont les rapports avec l'albanais firent l'objet d'une petite monographie, que je publiai en 1895 dans Nordisk Tidsskrift for Filologi; mais, par ailleurs, je m'appliquai à me familiariser avec le plus de langues possible et à me mettre au courant des solutions apportées aux problèmes que pose la linguistique comparative et générale. Je ne puis m'empêcher ici de souligner l'importance que cela eut pour moi d'avoir pour maître le professeur Vilhelm Thomsen, de même dois-je aussi citer le professeur Jespersen, dont les écrits philosophico-linguistiques ont considérablement influencé ma conception des langues. Cependant, la date des examens se rapprochait de plus en plus, et je réussis à accumuler tellement de connaissances que, en janvier 1898, je passai avec succès l'examen final. Grâce à un don de H. A. Krarup, proviseur à Vejle, que je tiens à remercier pour tout le bien qu'il m'a fait, je me trouvai, immédiatement après, en mesure d'effectuer un voyage à Paris et, de là, grâce à une bourse du Fonds subventionnel de l'Université, je me rendis à Leipzig pour assister aux cours de Brugmann, Leskien, Sievers et Weigand, et participer aux travaux pratiques du séminaire roumain dirigé par ce dernier. De retour au Danemark, je préparai ma thèse intitulée «Rumænske Studier. I. Infinitiv og udtrykkene derfor i rumænsk og Balkansprogene» [Etudes roumaines. I. L'infinitif et ses équivalents en roumain et dans les langues balkaniques], qui, le 10 avril de cette année, me valut le grade de docteur ès lettres. Outre ce travail et ceux cités précédemment, j'ai publié divers articles et comptes rendus dans «Nordisk Tidsskrift for Filologi» et dans «Dania».

Enfance et adolescence

Grâce à Gunnar Sandfeld, fils de Kr. Sandfeld et historien danois réputé, nous avons à notre disposition des descriptions détaillées de la période que Kr. Sandfeld lui-même retrace, dans son «curriculum vitae», d'une façon assez dépassionnée.

En lisant ce que raconte Gunnar Sandfeld, on se rend compte que le jeune Kristian, très tôt, se trouva devant des problèmes extrêmement graves qu'il dut affronter avec fermeté pour parvenir au doctorat dès 1900.

Le père de Kristian, d'origine paysanne, fort engagé dans la politique, était rédacteur d'un journal local, orienté à gauche, dans une petite ville de province, Vejle, au Jutland. Mais, n'ayant aucune force psychique pour les discussions politiques passionnnées, il abandonna cette activité pour acheter, avec un compagnon, une maison de commerce. Mais quelques années plus tard survinrent des événements tragiques: son compagnon le trahit, il perdit sa jeune femme, et, en 1890, A.K. Jensen, malade psychiquement, décéda.

Pour Kristian, les rapports amicaux et cordiaux avec les maîtres de son école, et surtout avec le proviseur de son lycée, Hans Achton Krarup (1836-1911), furent décisifs pour les années suivantes. C'est dans cette période, après la mort de ses parents, qu'il ajouta le nom de *Sandfeld* au nom de famille *Jensen*. On ne sait pas pour quelle raison, mais il s'agit probablement du nom d'origine de la famille maternelle.

Absorbé comme il était par ses lectures, il avait déjà démontré des capacités remarquables. Parmi les professeurs du lycée, il y avait aussi le directeur d'une École Supérieure Populaire (en danois 'højskole', c'est-à-dire le type d'école instauré par Grundtvig et destiné à répandre ses idées sur le réveil national et l'instruction du peuple) Hans Rosendal (1839-1921), un des adeptes les plus connus de Grundtvig. Rosendal, qui sera plus tard le beau-père de Kr. Sandfeld, et Krarup se mirent d'accord pour se partager la responsabilité de l'éducation du jeune homme, Rosendal le recevant à sa maison à Vinding comme un fils, et Krarup lui payant l'école et les livres.

Ainsi commença une nouvelle époque, importante pour la formation de Kristian, formation marquée par l'aimable caractère et l'érudition de Krarup, qui à son tour s'était formé dans l'esprit des études classiques de Madvig, et par le fécond milieu spirituel de l'école de Rosendal, qui comptait parmi ses hôtes plusieurs des personnalités intellectuelles les plus célèbres de l'époque.

Quand Sandfeld entra à l'université, Krarup continua à l'aider économiquement. Pour l'orphelin, il aurait été très difficile d'entreprendre des études supérieures sans cet appui financier.

En outre, une fois ses études universitaires achevées, Sandfeld reçut de Krarup la belle somme de 400 couronnes danoises en récompense: «pour un voyage à Paris – mais si tu préfères les employer autrement, tu es libre.»

Sandfeld passa le bac en 1891. Sans doute, inspiré par Krarup, il avait imaginé, comme il l'écrit dans son «curriculum vitae», de se consacrer aux études des langues classiques. Mais, tout à coup, un événement lui fit changer d'opinion: il avait lu – on ne sait pas comment ni pourquoi – quelques copies des leçons de Kr. Nyrop sur l'histoire de la langue française. Cette première rencontre avec celui qui plus tard allait devenir son collègue fut décisive pour son orientation vers l'étude des langues romanes.

Le milieu des études linguistiques à Copenhague vers la fin du XIXe siècle

Alors que Rasmus Rask (1787-1832) avait passé sa carrière dans la solitude, il existe vers la fin du XIXe siècle à l'université de Copenhague un milieu des études linguistiques animé et fécond. On n'exagère pas en désignant comme le vrai fondateur de ce milieu le grand philologue des langues classiques J. N. Madvig (1804-86) qui occupa une chaire à l'université de Copenhague de 1829 à 1879.

Le successeur de Madvig, comme figure centrale du milieu de la linguistique au Danemark fut son élève favori Vilhelm Thomsen (1842-1927). C'est autour de lui que se forment, s'inspirent et se développent les études des langues à Copenhague jusqu'à atteindre le niveau international. Les noms de Kristoffer Nyrop, Karl Verner, Otto Jespersen, Holger Pedersen et Kr. Sandfeld illustrent parfaitement cela. Les contacts avec les milieux linguistiques internationaux sont bien établis. Pour les jeunes chercheurs, préparant leur doctorat, il est obligatoire de passer un certain temps à l'université de Leipzig, centre de la linguistique européenne à l'époque, et aussi à la Sorbonne s'ils sont romanistes. L'attention prêtée à la romanistique au Danemark par l'importante revue internationale *Romania* (fondée par Gaston Paris, maître et ami de Kr. Nyrop) confirme le contact serré et continu entre Copenhague et Paris. La *Romania* publie beaucoup d'articles de romanistes danois et de façon régulière des comptes rendus d'ouvrages danois.

Vilh. Thomsen avait dès l'âge de 27 ans publié sa thèse *Den gotiske sprogklasses indflydelse på den finske* (L'influence des langues gothiques sur le finnois), 1869, qui, immédiatement, lui assura une réputation internationale. On voit que, déjà à cette époque, Vilh. Thomsen s'occupait du finnois, langue pour laquelle il montrait toujours une inclination particulière. Après son voyage d'études, qui l'avait mené à Leipzig, Prague, Budapest, Trieste et Paris, il fut nommé professeur en 1887. La bibliographie de Thomsen est un témoignage clair de l'ampleur de ses connaissances, qui comprenaient, entre autres, les langues nordiques, indiennes, baltiques et romanes.

Pendant l'année universitaire 1879-80 Thomsen fit un cours sur l'histoire des langues romanes. À l'Institut d'Études Romanes de Copenhague on trouve, encore aujourd'hui, des notes relatives à ces leçons. En les lisant, on peut remarquer que Thomsen, dans ces cours, traitait seulement la phonologie et la morphologie des langues romanes, laissant de côté la syntaxe. Par ailleurs, on s'étonne de constater qu'il faisait référence aux recherches et aux publications les plus récentes pendant ses leçons, qui, ainsi, représentaient une mise à jour incomparable. À la Bibliothèque Royale de Copenhague on trouve également des notes manuscrites relatives aux cours de Thomsen sur la linguistique comparée assurés pendant les années quatre-vingt-dix, mais elles sont de la main de Kr. Sandfeld.

On peut comprendre l'euphorie des élèves quand le grand maître, respecté et admiré de tous, fit la découverte scientifique la plus fascinante de sa vie, à savoir le déchiffrage des inscriptions de l'Orkhon. En Mongolie, près du fleuve Orkhon, une expédition européenne avait découvert des inscriptions au système de signes inconnu. On en avait envoyé des photos à plusieurs experts. En 1893, Vilh. Thomsen publia son décryptage en démontrant que la langue des inscriptions était le turc ancien.

Si Karl Adolph Verner (1846-96), qui fut nommé professeur des langues slaves en 1888, a acquis une réputation internationale, il le doit surtout à son maître, Vilh. Thomsen. «Cette personne géniale et étrange...»: c'est ainsi que Otto Jespersen caractérise Verner dans ses mémoires (*En sprogmands levned*, København, 1938, p. 32). Bien sûr, il était génial, mais peu productif. En fait, c'est seulement grâce aux encouragements de Vilh. Thomsen qu'il réussit à donner une forme écrite à ses théories, en publiant «la loi de Verner» (*Eine Ausnahme der ersten Lautverschiebung, Zeitschrift für vergleichende Sprachforshung auf dem Gebiete der indogermanischen Sprachen*, Berlin, 32, 1877). Dans ses mémoires, Otto Jespersen rappelle aussi dans quelles circonstances Verner eut l'idée de sa «loi»: «Un jour, en 1875, Verner, pour s'endormir plus vite à l'heure de la sieste avait choisi la lecture de la *Vergleichende Grammatik* de Bopp. Juste au moment de sombrer dans le sommeil, il eut la géniale vision du principe explicatif des évolutions de *l'accent*, contenu dans la «loi de Verner».»

Un autre élève de Vilh. Thomsen, Kristoffer Nyrop (1858-1931), est néogrammairien comme Verner, ce qu'il déclare explicitement dans sa thèse, intitulée *Adjektivernes kønsbøjning i de romanske sprog*, (La déclinaison des adjectifs dans les langues romanes), 1886. De 1877 à 1878, il avait étudié à Paris, comme élève de Gaston Paris, avec qui il resta en contact. En 1888, il entama sa carrière universitaire comme «docent», titre qui, à cette époque, indiquait que le titulaire, ayant passé la thèse de doctorat, avait le droit d'enseigner au niveau universitaire, avec ou sans salaire. Il commença alors ses cours sur l'histoire de la langue française, point de départ de son oeuvre monumentale intitulée *Grammaire historique de la langue française*, I-IV, 1899-1930. Ce chef-d'oeuvre est resté jusqu'à nos jours un ouvrage de consultation important.

Comme nous l'avons déjà dit, c'est précisément après avoir lu la copie des leçons de Nyrop que Sandfeld choisit d'étudier la philologie romane. En 1894, Nyrop obtint la chaire de philologie romane, succédant ainsi à Thor Sundby (1830-94), qui avait été le premier professeur de philologie romane, puisqu'il avait été nommé en 1887, après sa thèse de doctorat sur Brunetto Latini.

En l'automne de 1881, Vilh. Thomsen fit un cours de phonétique. Parmi ses auditeurs, se trouvait un jeune homme d'une intelligence extraordinaire qui, plus qu'aucun autre des éminents linguistes de l'époque, devait devenir le précurseur du XXe siècle: Otto Jespersen (1860-1943). Il avait étudié le droit, puis les langues romanes (surtout le français) et, pour finir, l'anglais. Après avoir achevé ses études universitaires en 1887, il fit un voyage en Angleterre, puis à Leipzig, où il étudia chez Brugmann et Leskien, et enfin à Paris. À Paris, il fit connaissance et se lia d'amitié avec Léon Clédat et Paul Passy, et il fut l'hôte privé de Paul Passy pendant deux mois. En lisant une anecdote racontée par Léon Clédat dans sa *Grammaire raisonnée de la langue française*, Paris, 1894; 8e éd., 1907, p. 12, on relève le ton familier qui régnait entre les jeunes linguistes: «L'orthographe nous fait tellement illusion qu'on s'imagine prononcer tout autrement qu'on ne le fait dans la réalité. ... M. Paul Passy rapporte à ce sujet une amusante anecdote: «Lorsque O. Jespersen était en France, mon frère et moi lui citions des exemples d'abréviations employées en parlant français. Mon père, qui nous écoutait, protesta à plusieurs reprises: il ne voulait pas admettre notamment que *il* se prononce (familièrement) *i* devant les consonnes. Comme nous insistions, il s'écria «Monsieur Jespersen, i ne savent pas ce qu'i disent»; montrant ainsi, bien malgré lui, que nous avions raison.»» – Il s'agit sûrement d'une amitié qui va faciliter les contacts en France aux futurs visiteurs tels que Kr. Sandfeld.

En 1893, Otto Jespersen fut nommé professeur d'anglais. Il avait, en 1891 déjà, publié sa thèse *Studier over engelsk kasus* (Études sur les cas en anglais) avec le sous-titre *Fremskridt i sproget* (Progrès dans la langue). Ce sous-titre était une franche provocation à l'adresse des linguistes qui s'étaient déclarés en faveur de la théorie de la dégénérescence de la langue et qui, à cet égard, s'étaient référés à l'exemple de l'anglais. Le titre de la version anglaise confirme encore cette provocation: *Progress in Language with Special Reference to English*, 1894. Dans son compte rendu de l'édition anglaise (*Nordisk Tidsskrift for Filologi*, 1895, p. 131-35), Holger Pedersen fait l'observation suivante: «Cette oeuvre va bouleverser beaucoup d'opinions vieillies et de préjugés injustifiés.»

Le champ de recherche préféré de Otto Jespersen était celui de la langue contemporaine, en général. Sa bibliographie témoigne, dès les premières publications, à partir de 1883, de son intérêt pour les langues danoise, allemande et française. Ainsi, en 1885, il fit un discours à la *Philologisk-historisk Samfund* (La Société de philologie et d'histoire) sur la grammaire et la prononciation de la langue vulgaire parisienne. En collaboration avec Kr. Nyrop il fonda la revue *Dania*, dont le sous-titre *Tidsskrift for Folkemål og Folkeminder* (Revue du langage populaire et du folklore) indique les champs respectivement préférés des deux linguistes.

Parmi les élèves de Vilh. Thomsen, c'est Holger Pedersen (1867-1953) qui lui ressemblait le plus pour le choix des champs de recherche. Et en effet, il sera son successeur à la chaire de linguistique comparée (1914). Au commencement des années quatre-vingt-dix, c'est-à-dire la période qui nous intéresse ici, il était en voyage d'études à l'étranger. À son retour, il présenta, en 1897, sa thèse de doctorat intitulée *Aspiration i irsk* (L'aspiration en irlandais).

Les études de Sandfeld à l'université de Copenhague et ses premières publications

Kr. Sandfeld raconte dans sa biographie, écrite à l'occasion de son doctorat, qu'il étudiait la philologie romane et, comme disciplines secondaires, le danois et le latin, langue obligatoire pour les études linguistiques selon le programme universitaire en vigueur depuis 1883 et élaboré dans l'esprit de Madvig.

Outre l'influence décisive de Vilh. Thomsen, autorité qui resta l'idéal pour Kr. Sandfeld pendant toute sa vie, il faut signaler celle de Otto Jespersen, avec qui il fit connaissance déjà comme étudiant. Sa reconnaissance envers celui-ci, il l'exprime dans les lignes suivantes, qui sont sa contribution à *Hilsen til Otto Jespersen paa firs-aarsdagen 16. juli 1940* (Hommage à Otto Jespersen à l'occasion de son quatre-vingtième anniversaire le 16 juillet 1940):

Cher Jespersen,
Bien que je n'aie jamais suivi un seul de tes cours à l'Université, je peux, cependant, me permettre de me considérer comme un de tes étudiants et, par-dessus le marché des plus anciens, dans la mesure où, dès les premiers mois de ma première année, j'ai étudié avec soin ta thèse nouvellement parue, avec une introduction sur le Progrès dans la langue, qui a éveillé en moi beaucoup d'idées. Ce que, durant ces nombreuses années, depuis cette époque-là jusqu'aujourd'hui, j'ai appris chez toi, je ne puis ici en rendre compte dans le détail, et ce d'autant moins que l'influence de tes points de vue a probablement laissé en moi des traces, même dans les cas où je n'en suis pas clairement conscient. Je peux seulement te dire que je te suis infiniment redevable aussi bien pour ton impulsion que pour ton enseignement direct, et que, en particulier, j'ai toujours admiré ton aptitude à trancher dans l'opaque. Que je doive, en plus, te remercier pour ces nombreuses années d'amitié ne réduit en rien ma dette envers toi.
Ton dévoué
Kr. Sandfeld

Les colloques tenus par la Philologisk-historisk Samfund, société fondée par les disciples de Madvig en 1854, sont de première importance pour le milieu linguistique de l'époque. C'était une autre preuve frappante de la prodigieuse influence exercée par le maître. Dans une lettre d'hommage (1879) à l'occasion du cinquantième anniversaire de Madvig depuis sa nomination comme professeur à l'université de Copenhague, la direction de la société lui écrivit ceci: «Le jour que vous avez été nommé professeur à l'université de Copenhague, est un jour mémorable dans l'histoire des sciences, et surtout de la philologie en Scandinavie.»

La Philologisk-historisk Samfund, qui existe encore aujourd'hui, traversa vers la fin du XIXe siècle une période de haute prospérité. L'objectif, déclaré dans le programme de la société, était de promouvoir la qualité et le niveau scientifique de ses membres. Il est assez remarquable que, parmi ceux-ci, étaient aussi admis de jeunes étudiants. Les réunions, régulières, commençaient avec une intervention sur une recherche en cours ou avec la recension d'une nouveauté, suivie d'une discussion. Pour la communication, seule était agréée la langue danoise, autre facteur significatif de la modernité et de l'atmosphère détendue dans laquelle se déroulaient les colloques. Plusieurs des projets linguistiques importants de cette période furent présentés et discutés dans ce forum avant d'être publiés.

La société éditait un bulletin sur les activités et sur les colloques *Kort udsigt over det philologisk-historiske Samfunds Virksomhed* (Bulletin des activités de la société de philologie et d'histoire), mais elle s'engageait aussi dans une série d'initiatives favorables au milieu linguistique. Elle s'était abonnée à une série de revues internationales importantes. Par ex. dans le bulletin de la période 1891-94, la société signale qu'elle a à sa disposition les revues suivantes: *The Academy – Revue critique d'histoire et de littérature – Mémoires de la société de linguistique de Paris – Zeitschrift für vergleichende Sprachforschung – Nordisk tidsskrift for filologi – Neue Jahrbücher für Philologie und Pädagogik – Rheinisches Museum für Philologie – Hermes – Mnemosyne – Wiener Studien – Philologus – Berliner philologische Wochenschrift – Archiv für latein. Lexicographie u. Grammatik, hrsg. v. E. Wölfflin – Zeitschrift für romanische Philologie – Literaturblatt für germanische u. romanische Philologie – Arkiv för nordisk filologi – Dania – Revue archéologique – Revue des études grecques – Vor ungdom, Tidsskr. f. Opdragelse og Undervisning* (La jeunesse, revue de l'éducation et de l'enseignement). – En effet, les recherches linguistiques de cette période témoignent d'une orientation internationale et une mise à jour des études.

On prenait aussi des initiatives en direction des autres pays scandinaves. Déjà en 1862 on avait invité des étudiants de Norvège et de Suède à un rendez-vous à Copenhague. Depuis 1876, on organisa des congrès pour les philologues scandinaves: *Nordiske Filologmøder*. Le premier congrès eut lieu à Copenhague au mois de juillet 1876, et il fut suivi par les congrès de Kristiania (Oslo) 1881, de Stockholm 1886, de Copenhague 1892, de Kristiania 1898 et de Uppsala 1902, le sixième et dernier congrès de la série. Autre initiative, parallèle à celle des congrès, la fondation d'une revue linguistique scandinave *Nordisk Tidsskrift for Filologi*, København 1860-1922.

Parmi les autres publications de la société, il faut rappeler la série *Studier fra Sprog- og Oldtidsforskning* (Études des langues et de l'antiquité), dont le premier numéro date de 1891 et qui continue à paraître encore aujourd'hui.

Pour inciter les jeunes étudiants à la recherche, on institua un prix qui devait récompenser une étude de qualité satisfaisante, élaborée sur un sujet proposé par la société.

En parcourant la bibliographie de Kr. Sandfeld on est frappé par la présence d'une série de petits ouvrages composés déjà au cours de ses années d'études. Pour l'inspiration de ces ouvrages et pour la formation de Kr. Sandfeld en général, les rencontres et le milieu de la Philologisk-historisk Samfund furent d'une importance incomparable.

Pour le concours de 1892, la société avait choisi comme sujet «*L'École des femmes de Molière et la querelle littéraire que cette pièce provoque sous l'aspect historique littéraire et culturel.*»

Il est peu probable que le jury, en formulant le sujet, ait pensé au jeune Sandfeld, qui venait à peine de commencer ses études. Néanmoins, le prix de la société lui fut attribué pour son étude sur *Molière og hans modstandere 1662-1664* (Molière et ses adversaires 1662-1664). Parmi les membres du jury, il y avait Kr. Nyrop. Ce travail fut publié comme numéro 13 de la série *Studier fra Sprog- og Oldtidsforskning*. Cette publication, écrite en danois, est la seule oeuvre littéraire de Kr. Sandfeld, et, ce qui est encore plus étonnant, la seule des années quatre-vingt-dix traitant un sujet français. L'autre production, relativement considérable, de ces années a pour sujet ou le roumain (et les langues balkaniques) ou le danois (philologie et folklore). C'est seulement en 1903 que sera publiée la première étude de Sandfeld sur la syntaxe du français (*Pour + infinitiv*).

Les philologues de l'époque étaient des polyglottes: les recherches étant centrées sur des problèmes de typologie et de génétique des langues, une telle aptitude était indispensable pour la formation du linguiste. On peut rappeler le cas de Vilh. Thomsen qui savait une cinquantaine de langues. Se sentant à son aise devant ces exigences, Sandfeld se plongeait dans l'étude des langues les plus variées, ce qui, par ailleurs, l'éloignait du programme des examens. Très tôt, il fut attiré par le roumain, langue qui, d'un point de vue génétique et typologique, offre beaucoup de problèmes fascinants, et qui n'avait pas été l'objet de recherches approfondies.

Le 31 mai 1894, Kr. Sandfeld présenta sa première intervention aux réunions de la Philologisk-historisk Samfund. La semaine d'avant, c'était Vilh. Thomsen qui avait parlé des inscriptions de l'Orkhon. Le sujet traité par Sandfeld était *La position de la langue roumaine et ses particularités les plus importantes*, et le manuscrit fut ensuite publié intégralement dans le bulletin de la société. En considérant l'âge de Sandfeld (il avait 21 ans), on s'étonne de sa maturité et de l'étendue de ses connaissances. Il se base sur une vaste bibliographie dont il prouve qu'il la connaît très bien, et que, parfois, il est capable de la discuter et de la critiquer, pour débattre la question courante de la latinité de la langue roumaine. En outre, son intervention démontre une connaissance étonnante de la langue roumaine, aussi quant aux différences dialectales et stylistiques et quant aux différences entre les écrivains. Avec élégance, il expose les traits latins et les traits d'une autre provenance du roumain, en discutant les opinions des autres philologues, et en jonglant avec des exemples d'une large gamme. Pour en donner une seule preuve, on pourrait mentionner sa citation d'un ouvrage hongrois (Réthy, *Az oláh nyelv és nemzet megalakulása*, Budapest 1888), à propos duquel il observe: «Cette oeuvre traite d'une façon approfondie la situation linguistique, mais l'exposition qu'elle en donne me semble peu satisfaisante; par ex. l'it. *loderò* y est expliqué par le latin *laudarem*.»

À propos de sa connaissance du hongrois à cette époque, nous avons un autre témoignage: dans la correspondance privée de Kr. Sandfeld on trouve plusieurs lettres de ses amis et de ses camarades de classe, et dans l'une d'elles, datant de 1894, son ami Aage Sørensen lui écrit ceci: «Je me suis bien amusé en lisant le récit de ta rencontre avec les deux magyars – comme c'est drôle! – juste au moment où tu étudies le hongrois...».

Cette première étude sur le roumain et les langues balkaniques fut publiée sous une forme élaborée et approfondie comme article, dans la revue *Nordisk Tidsskrift for Filologi*, 3. række III, 1894-95, p. 105-37. Entre autres, elle comprenait une forte critique du chapitre de Moses Gaster dans Gröber, *Grundriss der romanischen Philologie*, I, 1888, p. 406 ss., critique que Sandfeld reprendra dans sa thèse, ce qui aura pour conséquence qu'il sera invité à remplacer Gaster dans la deuxième éd. de l'ouvrage (1904).

Parmi les lecteurs de cet article, il y avait un philologue danois que Sandfeld n'avait pas encore connu en personne, vu que, durant ces années, il faisait son voyage d'études à l'étranger. Il s'agit de Holger Pedersen. Celui-ci, de son côté, n'avait naturellement pas entendu parler de Sandfeld. En lisant l'article, il fut surpris de constater l'existence d'un expert à Copenhague, en compétition avec lui, dans le domaine balkanique qu'il croyait être le seul à posséder. Dans le numéro suivant de *Nordisk Tidsskrift for Filologi*, IV, 1895-96, p. 50-51, il publia un compte rendu de l'article de Kr. Sandfeld Jensen, dans lequel il manifesta, de façon double, d'une part sa reconnaissance vis-à-vis du vaste savoir de Sandfeld, «remarquable pour une personne si jeune», d'autre part une certaine arrogance et beaucoup d'ironie, voulant ainsi démontrer sa propre souveraineté.

Loin de se laisser abattre, Sandfeld ne fit pas attendre sa réponse. Dans le numéro V de *Nordisk Tidsskrift for Filologi*, 1896-97, p. 80-84, il fit paraître un compte rendu sur le volume *Albanesische Texte* que Holger Pedersen venait de publier. Très positif, Sandfeld profita de cette occasion pour prouver son égalité avec Holger Pedersen.

Peu de temps après, Holger Pedersen retourna au Danemark où il commença à enseigner à l'université de Copenhague comme «docent». Parmi ses auditeurs il y avait Kr. Sandfeld, et, le duel oratoire oublié, ils se lièrent d'une amitié solide qui devait durer le reste de leur vie.

Pendant ses années d'études, Sandfeld publia, en outre, une série de comptes rendus dans les revues *Nordisk Tidsskrift for Filologi* et *Dania*, qui révèle l'ampleur de ses intérêts, et dans laquelle il disserte, par ex., avec beaucoup d'admiration et d'exaltation, sur le déchiffrage des inscriptions de l'Orkhon de Vilh. Thomsen, sur la grammaire italienne de Kr. Nyrop, sur la phonétique de Otto Jespersen et sur les *Dialogues français* de Joh. Storm.

Conformément aux goûts de l'époque, il discute l'étymologie du mot *laban* (*Dania*, III, 1895-96, p. 97-104). Par ailleurs, un travail qui, en particulier pour l'originalité de son sujet, est digne d'attention, c'est l'article *Himmelbreve* (Lettres du ciel). Après la discussion qu'elle suscita au sein de la Philologisk-historisk Samfund, cette étude fut publiée aussi dans *Dania*, III, 1895-96, p. 193-228. Sandfeld y combine ses connaissances des langues et des civilisations étrangères avec son profond intérêt pour la langue danoise et le folklore danois.

Une «lettre du ciel» est une lettre qui se prétend émaner de Jésus-Christ et être tombée du ciel. Elle est souvent écrite avec des caractères d'or sur fond noir. Normalement, son message essentiel est une incitation menaçante à respecter la solennité du dimanche. En plus, elle peut avoir la vertu de protéger la personne qui, l'ayant en sa possession, suit ses recommandations. Sandfeld connaissait depuis son enfance ce type de lettres, et, avec l'aide de ses contacts au Jutland (son frère et un libraire de Vejle, sa ville natale), il en fit une récolte considérable, citée à la fin de l'article.

Pour donner une idée du contenu et du style de ces messages, voici, en traduction française, quelques extraits d'une lettre du ciel danoise:

Copie de la lettre dont on dit que Dieu lui-même l'a écrite en lettres dorées et qu'elle est accrochée au-dessus des fonts baptismaux, à l'église Saint-Jean qui se dresse sur la Colline de Michael. Pour qui veut s'en saisir, elle s'envole et pour qui veut la recopier, elle se penche et s'ouvre.

À un mile d'Asen (Assens), il arriva qu'un homme nommé Just et domicilié à Asen rencontra un beau jeune homme de brun vêtu, à la tunique dépourvue de boutons, mais portant un grand bonnet sur la tête. Ce jeune homme confia la lettre à Just pour qu'il la remît au prêtre, mais celui-ci dit qu'il s'agissait là d'un fantôme. Le jeune homme se montra donc une seconde fois à Just, en précisant qu'il était un ange de Dieu. Il écarta alors sa tunique, il était si luisant, tel le soleil, que Just ne pouvait le regarder, ébloui par la clarté, et l'ange lui dit: Ne crains rien, mais va voir le prêtre et fais-lui savoir que Dieu ne trouve pas le repos au Ciel, à cause des soupirs et des cris des pauvres; car la Terre est maudite, pour les grands péchés y sévissant, commis par les hommes qui mésusent de la chrétienté. La lettre dit ceci:
Qui travaille le dimanche n'est pas heureux, comme Dieu au Ciel lui-même dit: Je vous ai envoyé là mon ange pour que vous vous repentiez de vos égarements (...) La fin est plus proche que vous ne le pensez.
Qui n'y croit pas sera damné, mais qui y croit aura bonheur et bénédiction; car, de ma main divine, j'ai moi-même écrit cela...

Grâce à ses lectures assidues du roumain, Sandfeld put démontrer l'existence de lettres roumaines presque identiques ou, du reste, émanant d'autres pays de l'Europe. Elles appartiennent toutes à la littérature populaire commune des civilisations européennes. Sandfeld, dans son étude, propose une typologie de ces lettres comprenant cinq ou six variantes principales, et il fait remonter leur origine aux écritures apocryphes. Au XIIIe, ce sont surtout les flagellants qui ont contribué à leur diffusion.

Les professeurs préférés de Sandfeld étaient Vilh. Thomsen et Karl Verner. Jusqu'à sa mort, Kr. Sandfeld avait, dans son cabinet de travail, les portraits de ces deux grands philologues. Et parmi les ébauches inédites qu'il a laissées, on trouve une nécrologie consacrée à Karl Verner à travers laquelle on sent le respect et la sympathie de l'élève. Probablement, il avait suivi aussi les leçons de Nyrop, mais on n'en sait rien. Par contre, une lettre, conservée à la Bibliothèque Royale de Copenhague (lettre à Gustav Hetsch, le 10 novembre 1894), nous apprend que Nyrop et Sandfeld en collaboration avaient fondé un cercle d'études romanes, *Romansk Forening*. En dehors des informations contenues dans cette lettre et du manuscrit d'un discours de Sandfeld (sur l'espéranto) tenu lors d'une rencontre de la Romansk Forening en 1902, nous ne savons rien de plus sur le sort de ce cercle.

En 1898, après avoir fini sa dernière année à l'université, Sandfeld entreprit son voyage d'études à l'étranger. D'abord à Paris, puis à Leipzig.

Toutes les lettres que Sandfeld avait envoyées de Paris à sa fiancée, Maria Rosendal, ont été détruites, et on ne sait rien de ce séjour ni quels étaient les professeurs qu'il avait fréquentés. C'est la période d'Antoine Meillet, et on peut supposer qu'il a suivi les cours de celui-ci. Un des meilleurs experts de Meillet, Pierre Swiggers m'a donné les renseignements suivants dans une lettre privée: «En ce qui concerne le séjour de Kr. Sandfeld à Paris, je ne peux vous dire s'il a suivi les cours de Meillet. Cela me paraît fort probable (à la fin du XIXe siècle (1891-1900), Meillet enseignait la grammaire comparée au Collège de France, à l'École pratique des Hautes Études. Sans doute Sandfeld n'a-t-il été qu'un auditeur temporaire, et non un vrai «disciple». Il n'est pas mentionné par Vendryes dans la liste des élèves étrangers de Meillet (voir Bulletin de la Société Linguistique, 37, 1936) ... De même, dans ses comptes rendus des ouvrages de Sandfeld, Meillet ne prend pas un ton personnel (ce qu'il fait parfois dans les comptes rendus des ouvrages de ces disciples)...». Et on ne sait pas si Nyrop l'a introduit auprès de Gaston Paris. Par contre, il est assez sûr qu'il a rencontré Léon Clédat et Paul Passy. En effet, il écrit dans la préface de *Bisætningerne i moderne fransk* (Les propositions subordonnées en français moderne), 1909: «Dans plusieurs cas j'ai consulté L. Clédat et P. Passy sur l'usage actuel de la langue.»

Si l'on sait très peu de choses sur le séjour à Paris, par contre la lettre suivante, adressée par Sandfeld au philologue Jakob Jakobsen (1864-1918, auteur de la thèse *Det norrøne sprog på Skotland*, 1897), nous décrit le voyage de Paris à Leipzig et les premières impressions du milieu universitaire de Leipzig.

Leipzig, Leplaystrasse 8^{II}, le 15.5.98

Cher Monsieur Jakobsen,

Je peux m'imaginer la tête que vous avez faite en recevant ma carte de Cologne. Mais où aurais-je dû séjourner? Eberfeld, Bielefeld, Hanovre, Brunswick, etc. n'exerçaient à prime abord aucune attraction sur moi, et toute la région que j'ai traversée avait un aspect particulièrement ennuyeux. Peut-être Magdeburg? Lorsque j'y arrivai, j'en avais tellement assez de voyager que je désirais y mettre fin le plus vite possible. Mais le principal était que je voulais être à Leipzig suffisamment tôt pour pouvoir suivre les cours dès le début. Ils commencèrent mardi matin à 8 heures et, tout le lundi, j'avais assez à faire d'aller saluer tous les professeurs, j'arrivai donc juste à temps et je n'ai aucune raison de le regretter. J'ai absolument beaucoup à faire mais ne suis pas peu gêné par un froid inhabituel, qui sévit ici depuis quinze jours. Brugmann fait des cours sur l'histoire de la langue latine; c'est d'autant plus fâcheux que je suis déjà les cours de Thomsen, qui sont en parfait accord avec ceux de Brugmann. De plus, il fait des travaux pratiques sur l'ombrien, ce à quoi je ne participe cependant pas de façon active, ayant tant d'autres choses à faire. Chez Leskien, que je trouve fascinant, je suis des cours sur l'histoire de la langue serbe et sur la grammaire comparative des dialectes russes, de même que je participe aux exercices sur le lituanien et la Chronique de Nestor. Au séminaire roumain, je participe à l'étude de vieux textes roumains, et j'étudie seul le russe, le grec moderne, le bulgare, le roumain et la langue des Tziganes; pour ce qui est du bulgare, Leskien m'a prêté ses notes relatives aux cours et, somme toute, il est extrêmement obligeant, s'agissant de me donner des indications et des renseignements ou de me prêter des livres introuvables à la bibliothèque. Enfin, j'écoute de l'ancien haut allemand chez Sievers, qui, lui aussi, est une personnalité particulièrement attachante.

Comme vous voyez, j'ai l'occasion d'apprendre énormément, et je dois employer le temps à bon escient, car il commence à aller un peu trop vite pour moi.

Je ne suis pas encore sorti de la ville de Leipzig. Jusqu'ici, le temps ne s'y est pas prêté un seul dimanche, mais j'espère qu'il va bientôt s'améliorer. J'ai fait connaissance avec un tas de gens parmi les Allemands, les Roumains, les Russes, les Américains, les Anglais et les Finlandais; j'espère que j'aurai appris à parler roumain avant de partir d'ici. J'ai aussi commencé à correspondre en roumain avec une connaissance de Kronstadt, qui a été au Danemark mais qui, au bout de l'année écoulée, a oublié la plus grosse part du danois qu'il savait, ce pourquoi il m'a prié de lui écrire en roumain, et je crois, au fond, que je peux écrire en roumain tout aussi bien qu'en allemand. Chose amusante, j'ai rencontré un jour, à l'université, un étudiant allemand, Schmidt, qui était, l'an dernier, au Danemark et, en même temps que moi, étudiait le finnois chez Thomsen.

Je vis dans l'ignorance quasi totale de ce qui se passe dans le monde, vu que je ne vois les journaux que rarement. Vous, vous épluchez naturellement votre journal «Le Temps» chaque jour et suivez l'évolution de la guerre. Cependant, j'entre parfois dans un café et je mets la main sur un journal, mais mes lumières sur les événements restent pour cette raison fragmentaires. Il m'est arrivé deux ou trois fois d'aller avec les étudiants dans un caboulot et c'est lors de l'une de ces occasions que j'ai assisté à un concours entre deux buveurs de bière, suivi d'un jugement rendu par un jury de trois hommes, dont je suis moi-même devenu membre.

J'espère recevoir quelques lignes de vous, avant que vous ne quittiez Paris. Savez-vous de façon précise si Aage Friis va venir à Leipzig ou non? Si vous voyez Verrier, saluez-le, je vous prie, de ma part; du reste, je viens de lui écrire.

Meilleures salutations de votre dévoué
Kr. Sandfeld Jensen

Dans la correspondance de Sandfeld des années suivantes, il y a plusieurs lettres de Weigand et de Leskien, ce qui prouve qu'il avait noué de bonnes relations pendant son séjour à Leipzig.

De retour à Copenhague, en 1899, Sandfeld fut nommé au collège de Østerbro (*Østerbros latin- og realskole*). En même temps, il travaillait intensément pour finir sa thèse.

Le 6 mai 1899, il reçut une lettre de Leskien qui finit ainsi: «Ich bin sehr begierig auf Ihre Schrift, namentlich, da ich jetzt eifrig syntaktische Untersuchungen betreibe. Grüssen Sie bitte Pedersen bestens ... Ihr A. Leskien.» On voit que l'intérêt pour la syntaxe commence à apparaître même à Leipzig au seuil du XXe siècle.

L'infinitif roumain. Thèse de doctorat

Le 10 avril 1900, Kr. Sandfeld Jensen soutint à l'université de Copenhague sa thèse, écrite en danois et intitulée *Rumænske Studier I. Infinitiv og Udtrykkene derfor i Rumænsk og Balkansprogene. En sammenlignende Undersøgelse* (Études roumaines I. L'infinitif et les constructions équivalentes du roumain et des langues balkaniques. Un examen comparatif) (135 p.).

Le livre fut imprimé en Suède par Berlingske Bocktryckeri, et il est assez curieux de constater que, alors que toutes les difficultés typographiques concernant les mots cités du roumain et du grec furent aisément vaincues, on dut recourir à la lettre suédoise *ö* pour rendre la lettre danoise *ø*.

Le but de l'exposé, solidement basé sur les études précédentes de la langue roumaine et des langues balkaniques, est d'expliquer le remplacement, en roumain, de l'infinitif par des constructions équivalentes, et surtout par des subordonnées conjonctionnelles, remplacement par lequel le roumain diffère des autres langues romanes. Mais dans une perspective plus large, Sandfeld vise aussi à explorer l'influence réciproque des langues balkaniques, en faisant cadrer ce problème particulier avec la problématique complexe de la situation des langues variées de la péninsule balkanique. Il s'agit donc d'un sujet syntaxique, traité par rapport à la variation linguistique et au changement dans les langues.

Sandfeld formule son objectif de la façon suivante (op. cit., p. 3): «Le but est celui-ci: après avoir précisé l'usage de l'infinitif en roumain, d'indiquer dans quelle mesure les cas où l'infinitif n'est pas d'usage, coïncident avec l'usage des langues voisines, et en l'occurrence, d'explorer la source des néoformations qui ont supplanté l'infinitif.»

Comme principe d'explication, Sandfeld se réfère à l'influence du grec, langue d'une civilisation plus évoluée par rapport aux autres civilisations de la péninsule (importance comparée avec celle de la langue française en Europe occidentale). Il s'agit, autrement dit, d'une explication basée sur des facteurs culturels.

Le corpus roumain de Sandfeld est basé sur des textes choisis pour leur caractère lié à la langue parlée, évitant ainsi ceux qui, dans leur syntaxe, sont influencés par d'autres langues européennes. Les textes des autres langues balkaniques ont été sélectionnés selon un critère analogue.

Pour la bibliographie linguistique, Sandfeld se réfère à l'oeuvre de Meyer-Lübke *Zur Geschichte des Infinitivs im Rumänischen*, in *Toblerabhandlungen*, Halle 1895, p. 79-109, oeuvre dont il signale l'aspect défectueux et négligé: «au contraire du jugement positif exprimé par Gaston Paris *Romania*, XXIV, p. 453, qui la caractérise comme «savante et pénétrante».» Et, dans les pages suivantes, il expose alors son jugement personnel. (Pour un témoignage pareil sur cette tendance des études de Meyer-Lübke, cf. aussi Yakov Malkiel, *Die sechs Synthesen im Werke Wilhelm Meyer-Lübkes*, Wien 1989.) Outre qu'il relève plusieurs erreurs de détail (comme, par exemple, celle de confondre les constructions de l'adjectif *lesne*, en interprétant *lesne a zice* comme 'facile à dire' au lieu de 'facile de dire': le roumain, en effet, se sert d'une autre construction (*de* + participe passé) pour exprimer 'facile à dire': *lesne de zis*), Sandfeld analyse de façon critique le principe de sous-classement de Meyer-Lübke basé sur le système casuel (l'infinitif en fonction de nominatif/accusatif/datif) en signalant l'absurdité qui consiste à classer comme datif l'infinitif précédé de *a* (*să-l facă a adormi*). La conclusion de cet examen est formulée ainsi: «Sans doute, il serait plus raisonnable de décrire, tout simplement, la construction de l'infinitif», observation qui aurait pu être une déclaration de programme pour ses travaux syntaxiques futurs.

Comme point de départ pour son examen des constructions infinitives, Sandfeld esquisse un panorama des traits communs des langues balkaniques, comprenant construction syntaxique, morphologie, vocabulaire, évolution phonétique, phraséologie. À propos du grec moderne il souligne (p. 9) que «... si le grec moderne présente la même solution que les autres langues, c'est qu'il s'agit normalement, comme nous allons le démontrer, d'une influence du grec sur les autres langues, et pas le contraire.»

Après les chapitres centraux de l'ouvrage sur le sort de l'infinitif dans les langues balkaniques (où l'on observe, outre le remplacement par la subordonnée conjonctionnelle, celui par le participe passé, et la construction dite parataxique avec *de*), Sandfeld passe à la question de l'origine de l'évolution décrite. Tandis que Meyer-Lübke proclamait la nécessité d'un examen de chaque langue isolée comme point de départ, Sandfeld plaide en faveur de la *comparaison immédiate*, en formulant ainsi un principe méthodologique qui apparaîtra d'une façon élaborée dans la *Linguistique balkanique*, (1930), et qui, plus tard, sera repris par K. Togeby.

Les oeuvres linguistiques précédentes (citées p.106-07) qui avaient traité de cette problématique, étaient, toutes, basées sur la constatation de l'absence de l'infinitif dans les langues en question. Mais Sandfeld objecte qu'il est peu intéressant d'observer le parallélisme des abandons – au contraire, il est plus important de constater que deux ou plusieurs langues représentent une série de néoformations qu'on ne retrouve pas ailleurs. En traitant les expressions et les constructions équivalentes de l'infinitif, c'est-à-dire la *variation linguistique*, Sandfeld se sert aussi de considérations stylistiques.

Le sujet *syntaxique* de la thèse constitue une innovation par rapport aux recherches linguistiques en général de la période précédente. Et le fait de traiter la syntaxe en considérant la variation stylistique sera parmi les traits caractérisant l'oeuvre sandfeldienne. Ainsi, la thèse de Sandfeld devient le prélude des grandes études syntaxiques de la langue française et de la langue roumaine, en particulier sur l'infinitif, et des études sur l'association des langues (parmi lesquelles le chef-d'oeuvre sur la linguistique balkanique). À propos de l'association des langues, Sandfeld observe (p. 132) que les résultats de ses recherches pouvaient donner lieu à des hypothèses sur l'association des langues, toutefois, il s'en abstient, en se référant à la «Wellentheorie» de Joh. Schmidt, qui est illustrée par les vicissitudes de l'infinitif dans la péninsule balkanique.

La soutenance de la thèse se déroula de façon méritoire, avec des interventions de Kr. Nyrop, Vilh. Thomsen, Otto Jespersen et Holger Pedersen.

Mais l'oeuvre fut aussi accueillie par le milieu de la linguistique internationale avec une appréciation positive et immédiate. Ainsi, par ex., par Mario Roques (*Romania*, 29, 1900, p. 635-36), qui considère, entre autres, comme fondée la critique de l'ouvrage de Meyer-Lübke: «Ce travail, très remarquable par la richesse et par l'étendue de l'information, semble la parfaite réalisation du plan conçu, mais non exécuté, par W. Meyer-Lübke ... L'étude minutieuse des dialectes du roumain et des diverses langues de la péninsule balkanique a permis à M.S.J. de rectifier sur des points importants les hypothèses de Meyer-Lübke... En particulier il signale une construction qui avait échappé à Meyer-Lübke et qu'il appelle construction paratactique: un infinitif dépendant d'un autre verbe remplacé par un verbe au même mode que le premier, auquel il se rattache par la conjonction *de*: *venea cerbul de bea apă.*»

Après l'édition danoise, la thèse fut publiée aussi, sous une forme réduite, en allemand (Leipzig, 1902), et Sandfeld reçut alors l'invitation à collaborer à la deuxième édition de Gustav Gröber *Grundriss der romanischen Philologie* (1904) avec l'article *Die nichtlateinischen Bestandteile im Rumänischen*. C'est là encore une preuve de l'acceptation des réserves exprimées par Sandfeld à propos des recherches précédentes. Dans ce cas-ci, il s'agit du philologue roumain Moses Gaster, qui avait élaboré l'article en question pour la première édition de *Grundriss...* . Gaster avait interprété les correspondances entre le roumain et les autres langues de la péninsule balkanique selon l'hypothèse mal fondée d'une influence prédominante du turc. Comme nous l'avons déjà mentionné, Sandfeld avait réfuté cette théorie de façon convaincante dans son article *Rumænsk og albanesisk* (1895).

Dans *Kritischer Jahresbericht über die Fortschritte der Romanischen Philologie*, (VIII, 1904, Ausgegeben 1906) *Rumänische Sprache 1904* Weigand fait une espèce de bilan des études roumaines. Après avoir émis une critique assez négative de B. Dimand *Zur rumänischen Moduslehre*, Wien 1904 (sujet traité aussi par Sandfeld dans un compte rendu paru dans *Zeitschrift für romanische Philologie*, XIX, p. 732),: «Vgl. auch ... die eingehenden [Kritik] von Sandfeld Jensen ... die manche wertvolle Ergänzung und Verbesserung enthalt», Weigand passe à la thèse de Sandfeld, qu'il cite et commente, surtout pour ce qui concerne l'exposé sur la particule roumaine *de* et la parataxe. Bien qu'il ait des objections contre l'hypothèse de Sandfeld sur l'origine grecque de ce phénomène («Von allem müssen wir uns vor Augen halten, dass die Parataxe das Gewöhnlich in der Volkssprache ist und auch im Deutschen in viel weiteren Umfange üblich ist, als S.-J. anzunehmen scheint»), Weigand reconnaît la complexité de la problématique et le solide fondement de l'examen de Sandfeld: «Im übrigen verdient S.-J.s Arbeit dasselbe Lob, wie seine früheren syntaktischen Arbeiten: klare Darstellung, scharfsinnige Analyse und bündige Fassung.» (p. 106). La contribution de S. au *Grundriss..* de Gröber est mentionnée avec une bonne appréciation: «*Die nichtlateinische Bestandteile im Rumänischen*, die in der 1. Aufl. von Gröbers *Grundriss* von Gaster in unzureichenden Weise behandelt worden waren, sind in der Neuauflage von den dafür viel geeigneteren Dr. Sandfeld-Jensen bearbeitet worden. Wenn auch diese Arbeit durchaus nicht erschöpfend ist – und wie könnte es anders sein, da gerade diese Gebiet noch des hingebendsten Studiums bedarf – so zeigt sie doch in rudimentärer Anlage, ein wie weites Feld der Bearbeitung harrt, wie vielseitig die Fäden sind, die das Rum. mit den übrigen Balkansprachen verbindet.» (p. 110).

L'importance fondamentale de la thèse de Sandfeld pour la linguistique roumaine et pour la balkanistique en général est prouvée par le fait qu'on continue à y faire référence jusqu'à nos jours. Ainsi, la théorie de Sandfeld de l'influence culturelle est généralement acceptée, par ex. par Wartburg (1946), Rohlfs (1958), Giese (1952) et Togeby (1962).

Rohlfs (*La perdita dell'infinito nelle lingue balcaniche e nell'Italia meridionale*, 1958, rééd. 1972) et Togeby (*L'infinitif dans les langues balkaniques*, 1962) reprennent la problématique, mais à la différence de Sandfeld, qui avait noté l'importance des ressemblances entre les types de remplacement de l'infinitif, Togeby et Rohlfs s'occupent du problème de la disparition de l'infinitif.

Rohlfs décrit la situation des dialectes grecs de l'Italie méridionale en démontrant que le verbe '*potere*' occupe ici (ainsi que l'a observé Sandfeld pour les langues balkaniques) une place particulière: «Mi preme soprattutto dimostrare che anche in Italia il verbo «potere» nel fenomeno della perdita dell'infinito occupa un posto a parte» (p. 319). Comme dans les langues balkaniques, aussi dans l'Italie méridionale: «il verbo «potere» è stato uno degli ultimi a piegarsi al nuovo uso» (p. 319).

Togeby, tout en se déclarant d'accord avec la théorie de l'influence culturelle grecque, objecte toutefois ceci: «Sandfeld a trouvé l'origine des constructions, mais il n'a pas expliqué pourquoi et dans quelle mesure les différentes langues les ont adoptées» (p. 114), et à propos de la théorie, Togeby observe qu'elle n'est pas entièrement satisfaisante parce qu'elle n'explique pas la disparition de l'infinitif en grec. On peut opposer, contre Togeby, qu'une telle explication dépasse l'objectif (clairement formulé) que Sandfeld s'était fixé pour sa recherche.

L'article de Togeby est une frappante illustration des ressemblances et des différences entre ces deux éminents romanistes danois. On note chez l'un et chez l'autre une capacité souveraine de se forger une vue d'ensemble et de déceler des combinaisons entre des phénomènes disparates dans plusieurs langues.

Togeby va expliquer la disparition de l'infinitif grec en se référant 1) à la conjugaison de l'infinitif en grec ancien (il y a onze formes): «l'infinitif grec s'est tellement rapproché du verbe proprement dit qu'il a eu de la peine à sauvegarder son indépendance» (p. 117); 2) à la chute du -*n* final, ce qui a causé une confusion avec la 3e pers. du sing. de l'ind. (*paideuein – paideuei*). L'interprétation de l'évolution linguistique par des coïncidences est très caractéristique de la méthode de Togeby.

La théorie de la chute de -*n* avait été avancée pour la première fois par Miklosisch (*Vergleichende Grammatik der slavischen Sprachen*, 1868-74). Sandfeld, qui la connaissait, avait formulé contre Miklosisch ses objections, d'ordre chronologique et géographique (il y avait des dialectes conservant -*n*), en ajoutant que «La cause principale et initiale est sans doute la tendance à employer la proposition subordonnée, au départ au lieu de *accusatif + infinitif*, puis pour les infinitifs n'ayant pas le même sujet que la proposition principale, et finalement pour les infinitifs en général» (p. 110). – Et Togeby réplique: «Ainsi, en scrutant de plus près la théorie de Sandfeld, nous constatons qu'elle concerne en réalité un phénomène stylistique: les langues balkaniques peuvent exprimer la même pensée par une subordonnée et par un infinitif [On note que la variation linguistique est considérée comme étant du domaine de la stylistique par le structuraliste Togeby (G.S.)]. Mais cela n'explique pas pourquoi celui-ci disparaît dans certaines langues tandis que d'autres le conservent» (p. 115). Togeby ajoute, selon le principe d'*immanence*, que «chaque langue a son évolution propre, soumise à des facteurs internes» et l'exposé qu'il fait ensuite est un examen des facteurs formels de chaque langue.

Il semble que Togeby n'ait pas connu le compte rendu de la thèse de Sandfeld fait par Holger Pedersen (*Anzeiger für Indogermanische Sprach- und Altertumskunde*, 1901, XII, p. 90-93). Holger Pedersen, en effet, oppose des objections analogues à celles de Togeby, par ex. à propos des «remplacements»: «... zugleich hätte untersucht werden sollen, in welchem Umfange diese Ausdrucksweisen auch in diesen Sprachen einen ursprünglichen Infinitiv verdrängt haben» (p. 90) et de la problématique complexe de l'infinitif en albanais.

III

Cours de syntaxe française
(Tartarin sur les Alpes)

Enseignement à l'université de Copenhague

À l'automne de 1900, Kr. Sandfeld Jensen, qui, le 18 juillet de la même année, avait épousé Maria Rosendal, fit annoncer son premier cours à l'université de Copenhague avec le titre: *Syntaxe du français moderne avec lecture du texte 'Tartarin sur les Alpes' d'Alphonse Daudet*. Le choix du sujet, à savoir la syntaxe d'une langue moderne, marque une innovation pour l'enseignement des langues à l'université. En même temps, il s'agit d'un sujet qui va devenir central pour les recherches de Sandfeld dans la première décennie du XXe siècle, et qui aura comme résultat la publication en 1909 de *Bisætningerne i moderne fransk* (Les propositions subordonnées en français moderne).

Jusqu'à 1905, Kr. Sandfeld ne reçut pas de rétribution pour son enseignement universitaire. Grâce à son doctorat, il avait le droit de donner des cours universitaires, ce qui était le procédé normal pour qui voulait faire une carrière universitaire. Puis on essayait d'être nommé comme «docent» ('maître de conférences') rémunéré. Mais, à cause des voies tortueuses de la bureaucratie, il était assez difficile d'obtenir un tel poste, même si la candidature était chaudement recommandée par la faculté. Dans chaque cas, il fallait passer par le ministère, qui devait trancher.

Cela ne peut surprendre que Sandfeld, outre ses emplois rétribués au lycée et à l'École Royale des Hautes Études Pédagogiques, se décidât pour une carrière universitaire: il avait la passion des recherches. Par contre, pour l'enseignement, son choix de la syntaxe du français moderne, était plutôt inattendu, si l'on considère ses activités pendant les années précédentes. Pourquoi ne choisit-il pas la philologie balkanique ou la philologie nordique? Néanmoins, il faut rappeler que le français avait été la cause initiale de ses études universitaires et lui avait été familier depuis le lycée. Et, sans doute, son séjour à Paris en 1898 fut-il déterminant, peut-être aussi concernant sa décision de baser l'enseignement sur un texte moderne. On n'enseignait pas la syntaxe moderne à l'université (et on ne l'avait jamais enseignée auparavant). Si on regarde les sujets des cours de Jespersen, de Nyrop et de Thomsen de la même période, ils sont surtout axés sur la phonétique et la morphologie. C'est seulement à partir de 1905 que Jespersen se mit à donner des cours de syntaxe de l'anglais moderne.

En outre, quant au français, le besoin d'un enseignement était pressant. En 1883, on avait institué, pour le français, le grade universitaire d'aptitude à l'enseignement du second degré ('skoleembedseksamen'), mais, après la mort de Thor Sundby en 1894, Kr. Nyrop avait été le seul responsable de l'enseignement et des examens en français. Et le français était, à cette époque, la langue la plus étudiée parmi les langues modernes à l'université de Copenhague. L'auditoire comptait, en plus des étudiants, un nombre considérable de professeurs de lycée qui fréquentaient les cours avec assiduité.

La faculté, en proposant dès 1902 au ministère la nomination de Kr. Sandfeld comme «docent» avec un traitement annuel de 2.000 couronnes, se référa à cette situation mais également aux qualifications scientifiques extraordinaires du postulant. Cependant, c'est seulement en 1905 que Sandfeld fut nommé par le ministère, avec un traitement annuel de 1.500 couronnes. Cette décision lui fut annoncée avec satisfaction par Otto Jespersen, doyen de la faculté à l'époque, qui lui exprima aussi ses regrets pour les lenteurs de la procédure.

Les cours de Sandfeld de ces années comprenaient avec beaucoup de régularité la syntaxe du français moderne, mais on peut signaler aussi d'autres sujets qui témoignent de l'étendue de la formation de Sandfeld. Pour en donner une idée, on peut citer les titres des cours des années 1901-07:

	Printemps	Automne
1901	Grec moderne	Le français du XVIIe siècle
1902	Le français du XVIIe siècle (25 auditeurs)	Syntaxe du français moderne
1903	Corneille, *Héraclius*	Exercices du français moderne Roumain
1904	Alphonse Daudet Roumain	Langue et littérature françaises du XVIIe siècle
1905	Langue et littérature françaises du XVIe siècle	Molière Italien
1906	Molière	Ancien français La syntaxe des prop.subord. du français moderne (18 auditeurs)
1907	La syntaxe des prop. subord. du fr. mod.	Exercices du français mod. (41 auditeurs) Exercices écrits du fr. mod. (34 auditeurs)

Parmi les auditeurs du cours d'italien de 1905 il y avait V. Brøndal, qui en parle dans sa nécrologie de Sandfeld en 1942: «Tous ses élèves sont d'accord pour relever la haute efficacité de son enseignement. Ainsi, en 1905, il apprit à un auditoire comptant plusieurs centaines [sic!] de personnes les éléments de l'italien avec des moyens très simples, ce qui était un véritable exploit.»

La faculté des lettres comprenait, en 1902, 18 professeurs et 12 maîtres de conférences ('docenter'). Pour les langues, Vilh. Thomsen était toujours la figure centrale, maître spirituel des collègues plus jeunes, entouré de respect et de vénération.

Il s'agit, grosso modo, des mêmes personnes qui fréquentaient les réunions de la Philologisk-historisk Samfund et qui régulièrement débattaient ensemble leurs recherches linguistiques et historiques en cours. Quelques-uns parmi ceux qui étaient particulièrement orientés vers l'épistémologie s'étaient regroupés autour de Harald Høffding (1843-1931, professeur de philosophie de 1883 à 1915), formant ainsi un cercle d'études nommé *Ekliptika*. On y trouve par ex. Viggo Brøndal, Lis Jacobsen et Valdemar Vedel (pendant une période aussi Vilh. Thomsen et Otto Jespersen) et, parmi les scientifiques, les frères Harald et Niels Bohr.

Kr. Sandfeld n'y participait pas, ce qui était assez caractéristique de son attitude à l'égard des questions trop théoriques et abstraites. Une attitude qui, pendant sa vieillesse, allait prendre l'aspect d'une manie.

Parmi les proches collègues de Sandfeld, outre les personnes déjà mentionnées, il faut aussi citer Verner Dahlerup (1859-1938, 'docent' 1899 et professeur de philologie nordique 1911-26). Dahlerup, qui depuis 1900 était corédacteur de la revue *Dania*, fut le fondateur du projet prestigieux, mais aussi assez compliqué de *Ordbog over det danske sprog* (Vocabulaire de la langue danoise), auquel Kr. Sandfeld collabora dès le début.

Durant cette période, Sandfeld était presque toujours occupé par l'enseignement, les recherches étant limitées aux «heures de loisirs». Et, néanmoins, il réussit à publier des études originales et inspirées. Nous avons déjà mentionné la version allemande de sa thèse et sa collaboration à l'oeuvre éditée par Gröber (*Grundriss*...). Par ailleurs, il consacra beaucoup de temps aux études du danois, ce qui aura beaucoup d'importance pour son enseignement du français, riche d'observations contrastives. Il avait déjà en 1899 et en 1900 publié deux petits articles sur des questions de syntaxe et de sémantique du danois: *Denominative verber* (Verbes dérivés d'un nom), *Nordisk Tidsskrift for Filologi*, 3. række VII, 1898-99, p. 113-20, et *Bemærkninger om definitiv genitiv i dansk* (Observations sur le génitif déterminatif en danois), *Dania*, VII, 1900, p. 20-26.

En 1903-04 Sandfeld publia dans *Nordisk Tidsskrift for Filologi* l'article *Pour + infinitiv. Bidrag til fransk infinitivlære* (Pour + infinitif. Contribution à l'étude de l'infinitif en français). Dans l'introduction, il dit: «L'esquisse suivante d'une description de l'usage de *pour* + *infinitif* en français est à considérer comme une ébauche d'un *Manuel de la syntaxe du français moderne* ('Haandbog i moderne fransk syntax'), pour lequel je rassemble des matériaux depuis quelques années.» Avec cet article Sandfeld fonda la base de son oeuvre monumentale sur la syntaxe du français et, chose remarquable, précisément en abordant le domaine de la syntaxe infinitive. Les exemples datent du dépouillement de textes récents du français moderne, et Sandfeld démontre l'existence de nouvelles possibilités de constructions qui ne sont pas encore enregistrées par les vocabulaires ou par les grammaires contemporaines, comme par ex. *attendre pour* au lieu de *attendre à*.

Comme autre activité des mêmes années, très fructueuse pour la formation scientifique, il faut citer celle des comptes rendus. Pendant toute sa vie, Sandfeld écrivit régulièrement des comptes rendus sur une large gamme d'ouvrages linguistiques et didactiques de beaucoup de langues. Il s'exprime d'une façon perspicace, minutieuse et quelquefois pédantesque. C'est une manière d'écrire qui fait penser au ton sec, frappant et mordant de Knud Togeby. Dans ses comptes rendus sur des ouvrages didactiques on note son engagement et sa connaissance extraordinaire de la didactique à tous les niveaux. Sa distinction intelligente et claire entre manuel et description linguistique est remarquable: «... on ne distingue pas assez clairement entre l'exposition d'un manuel et celle de la description linguistique de la langue. Le manuel doit enseigner, d'une manière catégorique, que les négations du français sont *ne...pas*, tandis que l'exposition linguistique doit en outre démontrer les survivances de la langue ancienne du style littéraire.» (Compte rendu de *Oluf Nielsen, Lærebog i fransk Syntax til Brug for de højere Klasser*, København, 1904, in *Nordisk Tidsskrift for Filologi*, 3. række XIII, 1904-05, p. 120-23). Et à une autre occasion, il reproche aux grammaires scolaires de décrire le français de l'époque classique au lieu du français moderne: «...la grammaire pratique doit décrire la langue actuelle.»

Le voyage en Roumanie

En l'automne de 1905, Sandfeld fait un séjour d'études d'un mois en Roumanie. Selon mes informations, c'est son seul séjour en Roumanie. En effet, bien que basés sur de vastes connaissances et des lectures assidues de textes roumains, ses ouvrages de syntaxe roumaine révèlent que la langue parlée ne lui fut jamais familière, cf. ce qu'en dit Alf Rosetti (*Nécrologie, Bulletin Linguistique*, X, 1942): «Sandfeld était venu de bonne heure au roumain, qu'il parlait et écrivait couramment, quoique n'ayant fait qu'un bref séjour, il y a une quarantaine d'années, en Roumanie. Le contact direct avec la langue parlée lui manquait, et un second voyage en Roumanie, projeté depuis longtemps et sans cesse différé, a été finalement empêché par les événements [i.e. la guerre et la mort de S.]» (p. 127).

Les étapes de ce séjour et les idées qu'il s'était faites sur les Roumains et leur pays sont décrites avec vivacité dans une série d'articles (au total six) qu'il envoya au journal de sa ville natale (*Vejle Amts Folkeblad*).

Pendant ce bref séjour, Sandfeld visita plusieurs contrées et régions de la Roumanie, ce qui lui permit d'entrer en contact avec des gens de toutes les classes sociales. Ses articles témoignent qu'il fut un observateur attentif et sensible aux problèmes économiques et sociaux du peuple roumain.

Villa Vatra

Tandis que Sandfeld n'avait visité la Roumanie qu'une seule fois, en revanche les visites d'hôtes roumains à Copenhague, et, en particulier chez lui, furent nombreuses. Et ces hôtes remarquaient chaque fois, avec enthousiasme, le nom roumain de la maison de Sandfeld 'Villa Vatra' ('vatra' = 'foyer'). Dans cette maison, acquise en 1908, la vie de famille et la vie de chercheur de Kr. Sandfeld se déroulaient d'une façon harmonieuse.

La famille comptait quatre enfants, nés entre 1902 et 1908. Le plus jeune, Gunnar Sandfeld, grand spécialiste d'histoire locale et d'histoire du théâtre, a mis à notre disposition beaucoup des matériaux sur lesquels se base le présent ouvrage.

La maison de Sandfeld était ouverte à tous. Les personnes qui la fréquentaient étaient surtout les membres de sa famille, les amis de ses enfants, ses amis et ses collègues étrangers.

Parmi ses collègues de l'université, seuls Holger Pedersen, Otto Jespersen et, pendant la dernière période de la vie de Sandfeld, Viggo Brøndal venaient faire des visites à la Villa Vatra. Otto Jespersen, qui, durant la période allant jusqu'à 1934, habitait près de Sandfeld, venait le voir à bicyclette, et s'arrêtait auprès du portillon du jardin pour s'entretenir avec lui tandis qu'il faisait du jardinage, son loisir de prédilection.

À partir de 1906 on avait formé un petit cercle d'études, à caractère privé, «*Det lille filologikum*» (le petit cercle d'études philologiques). Otto Jespersen le décrit dans sa biographie *En sprogmands levned* (La vie d'un linguiste), dont on a une excellente version anglaise, en citant comme participants Dines Andersen (orientaliste), Chr. Blinkenberg (archéologue), F. Buhl (théologien et sémitiste), Verner Dahlerup (philologue des langues nordiques), A.B. Drachmann (philologue des langues classiques), Vilh. Grønbech (historien de la culture et de la religion), H.O. Lange (égyptologue), Edv. Lehmann (historien de la religion), Kr. Sandfeld, Chr. Sarauw (germaniste), P. Tuxen (orientaliste) et Johs. Pedersen (orientaliste).

Bisætningerne i moderne fransk, 1909 (Les propositions subordonnées en français moderne)

«Tandis que, encore aujourd'hui, les manuels de grammaire en France et ailleurs citent exclusivement les auteurs classiques et se réfèrent d'eux, en les considérant comme les vraies autorités dans les questions concernant le bon usage, le livre se propose de décrire la langue réelle de nos jours ou mieux l'usage varié de la langue, dans la littérature moderne, dans laquelle les expressions de la langue parlée figurent à côté de constructions du passé.» Avec cette déclaration de la préface, Sandfeld exprime sa rébellion contre la grammaire normative et le concept du bon usage et du «correct» de celle-ci. Le manuel de Sandfeld est une description objective de la langue française moderne de tous les registres, avec une particulière préférence pour la langue vulgaire et la langue familière. Et c'est justement cette préférence qui lui permet de prendre ses distances par rapport à la grammaire traditionnelle.

Sandfeld base son exposé sur l'énorme corpus qu'il avait recueilli pour son enseignement depuis 1900. Ainsi, il contribue d'une façon décisive au renouvellement total des exemples des grammaires du français.

Abstraction faite des références aux grammaires existantes (qui sont citées surtout pour leurs informations erronées), je crois qu'il n'y a pas d'exemple «hérité», ce qui est complètement extraordinaire, s'agissant de grammaire. En effet, dans ce genre, on «vole» sans pudeur les exemples des prédécesseurs. Si Sandfeld voyait le sort de ses exemples personnels, qui continuent à passer d'une grammaire à l'autre, non seulement au Danemark, mais aussi dans les grammaires du français de toute l'Europe, il s'en attristerait sûrement.

La proposition subordonnée est définie, dans la description de Sandfeld, comme faisant partie d'une autre proposition en fonction de *substantif, adjectif* ou *adverbe*. Une telle division, axée sur la fonction, formera la base de la description. Le temps et le mode des propositions subordonnées ne sont pas pris en compte dans la description, sauf dans les cas où cela semble absolument nécessaire. L'idée de Sandfeld était de réserver ce sujet pour une publication à part (qui, cependant, n'a jamais vu le jour, cf. p. 79).

En subdivisant les chapitres selon les conjonctions de subordination, Sandfeld va décrire, d'une manière minutieuse, les particularités de la syntaxe intérieure de la proposition et les constellations particulières dans lesquelles la proposition subordonnée peut se trouver, en expliquant les nuances sémantiques soit par des observations très claires et perspicaces soit avec une référence au contexte extralinguistique éventuel et aux facteurs pragmatiques. À la différence de beaucoup de grammaires, celles de nos jours incluses, il évite le type d'exemple comprenant une seule phrase, s'il voit le besoin de considérer le contexte. Cf. par ex. p. 8, à propos de l'usage de *c'est que* ..., pour justifier ce qui précède: «Souvent ce qu'on veut justifier n'est pas explicité, mais résulte du contexte ... C'est ainsi que *c'est que* sert à marquer qu'on refuse, qu'on hésite, qu'on a des objections, etc.» Et, parmi les exemples: «On propose à un homme corpulent d'emprunter le costume de bain d'une personne mince, et il répond: – Je vous remercie mille fois ... mais c'est que ... pourrai-je y entrer? –». Ou, pour illustrer l'usage isolé de *puisque*: «Un homme, aidant sa femme, qui est en train d'apprendre à rouler à bicyclette: – 'Tu es ridicule. Puisque je te tiens!' –» (p. 174).

Comme illustration de cette brillante aptitude de Sandfeld, je renvoie surtout aux paragraphes traitant les propositions causales, conditionnelles et concessives, dont il décrit avec virtuosité les fines nuances de transition. Les observations stylistiques et contrastives sur la sémantique du danois et les constructions équivalentes danoises sont des aspects qui manquent, pour des raisons évidentes, dans l'édition française, parue postérieurement.

Très remarquable est la description des propositions relatives (Chap. II, p. 47-128), riche d'observations sur les nuances syntaxiques, sémantiques et stylistiques, entre autres, pour ce qui concerne la distinction des relatives entre déterminatives et non-déterminatives (p. 112) (question fortement débattue encore aujourd'hui).

En comparaison avec les autres grammairiens contemporains (et souvent en opposition explicite avec eux), Sandfeld révèle fréquemment son sens des réalités linguistiques, comme par ex. dans le passage suivant: «La langue naturelle tient le juste milieu entre l'observation minutieuse et la trop grande négligence qui aboutit à des effets bizarres. Les grammairiens mettent souvent en garde contre des constructions comme: *Je vous envoie une petite chienne par ma servante qui a les oreilles coupées* ou *Un «bicyclettiste» a renversé une vieille femme et lui a passé sur le ventre, qui n'avait ni grelots ni lanternes*. Mais il faut se rappeler que les phrases de ce type sont le plus souvent dues à des personnes qui n'ont pas l'habitude de manier la plume et qui, peut-être, ne s'expriment pas ainsi en parlant.» (§ 58, p. 79).

Outre que le corpus des exemples est presque exclusivement le sien propre, et que les analyses syntaxiques sont les résultats de sa brillante intuition linguistique, il faut ajouter aussi que Sandfeld fait montre d'une parfaite connaissance de la littérature linguistique concernant son sujet (bien que, faut-il avouer, dans cet ouvrage, et encore plus dans ses travaux postérieurs sur la syntaxe du français, les discussions théoriques avec les autres linguistes soient réduites au minimum). Ainsi, il se réfère par exemple aux oeuvres de Polentz sur la syntaxe des pronoms relatifs en français et aux théories du spécialiste des langues nordiques, A. Noréen.

35 ans plus tard, dans sa nécrologie sur Sandfeld, L. Hjelmslev, en relevant l'importance du défunt pour la *linguistique synchronique*, le caractérise «comme un des fondateurs de cette discipline» (p. 137). La série des travaux est ouverte par *Bisætningerne*: «C'est un livre qui fait époque. Pour en évaluer la portée il faut se rappeler que jusque-là la seule grammaire synchronique qui était considérée comme revendiquant quelque estime était une grammaire normative, qui, au seul service de buts pratiques et pédagogiques, donnait des prescriptions en se fondant sur un seul style considéré comme 'correct'. C'était l'*antibarbarus* en chair et en os qui avait survécu du moyen-âge. A cette grammaire estropiée Sandfeld substitue une autre, descriptive, objective et scientifique, qui sans discrimination puise ses matériaux dans toutes les sources et dans tous les styles...» (p. 137-38).

Le petit chef-d'oeuvre de Sandfeld, («à coup sûr, un des meilleurs manuels actuellement à la disposition de l'étudiant francisant», Alf Lombard, *Les Membres de la Proposition française. Essai d'un classement nouveau*, in *Moderna Språk*, XXIII, 1929, p. 205), étant écrit en danois, pour des raisons évidentes, selon l'objectif de son auteur, fut connu seulement des romanistes scandinaves. Mais, en revanche, ceux-ci lui firent immédiatement bon accueil, comme par ex. Holger Pedersen, 1909, Erik Staaf, 1910, Alfred Stenhagen, 1912, A. Wallensköld, 1909 et Johan Vising, 1911, qui relève la haute valeur pratique de l'ouvrage et surtout sa nouveauté et sa démarcation par rapport aux oeuvres grammaticales parues en France dans la même période: «Man kann nicht umhin, an die Verschiedenheit der gleichzeitig erschienenen Neufranzösischen Syntax von J. Haas zu denken.» (p. 256).

IV

Linguistique générale
(1910-1920)

Pédagogue engagé, Sandfeld avait voué la première période de sa carrière universitaire à la cause de l'enseignement. Ayant élaboré un manuel de syntaxe française fondamental, il put se permettre de diriger son attention vers un autre champ de prédilection, la linguistique générale, en commençant à utiliser les riches «collections» amassées pendant plusieurs années.

Sandfeld joignait sa connaissance d'un grand nombre de langues à son intérêt pour les peuples et leurs cultures, en considérant la langue comme phénomène de culture, c'est-à-dire comme un moyen pour comprendre la culture. Et, tout à fait comme l'archéologie, avec laquelle il aimait la comparer, la linguistique laissait transparaître les relations culturelles entre les divers peuples.

Nationalfølelsen og sproget (Langage et patriotisme), 1910, 100 p.

Le sujet de ce petit ouvrage de vulgarisation, écrit en danois, est l'expression linguistique des sentiments nationaux, exemplifiée par les expressions figées à propos «des autres», et, surtout, à propos de la langue des autres. Le traité, de type sociolinguistique, présente dans une forme élégante et vivante une richesse de situations linguistiques amusantes.

Il s'agit d'un champ des recherches de Sandfeld surtout typique de ses jeunes années, mais qui se retrouve dans les discours tenus, aussi dans la dernière période de sa vie, dans des occasions mondaines, comme par ex. *Persona-pro-re-konstruk-*

tioner i fransk og i andre sprog (Les constructions du type 'persona pro re' en français et dans d'autres langues), discours tenu en 1939, à l'occasion de ses vingt-cinq années d'activité comme professeur. Cependant, ce côté est peu connu de son public international.

Notes sur les calques linguistiques, Festschrift Vilh. Thomsen, Leipzig, 1912, p. 166-73

Sandfeld poursuit l'élaboration des «recueils» dans cet article (qui constitue, sauf erreur, sa première publication en français), paru dans les mélanges offerts à Vilh. Thomsen à l'occasion de son 70e anniversaire.

L'objet de la recherche, lexicographique et sémantique, fait rappeler un petit article de 1898-99, intitulé *Denominative verber*, dans lequel Sandfeld avait exposé et discuté la relation, souvent imprévisible, entre le sens d'un verbe dénominatif ou dérivé et le sens du substantif dont il est dérivé, en utilisant des exemples tirés d'une vaste gamme de langues européennes.

Dans l'article en question, Sandfeld s'occupe du phénomène dénommé «emprunts de traduction», qui a fait l'objet de plusieurs études, qu'il cite et discute pour examiner si ce type d'emprunts témoigne d'une empreinte commune des langues européennes: «On a souvent relevé le fait curieux que les langues européennes, surtout sous leurs formes littéraires, portent une empreinte d'unité provenant non seulement de la communauté d'origine de la plupart d'entre elles, mais aussi des influences multiples qu'elles ont exercées les unes sur les autres.» (p. 166). On ne peut pas manquer d'y observer une approche de la question des langues européennes très ressemblante à celle qu'il applique à la philologie balkanique. En effet, dans la conclusion, il parle d'«un petit tableau de cet 'espéranto' en germe qui se dégage ainsi des langues européennes.» (p. 173). Toutefois, que je sache, il n'a plus repris ni formulé l'idée d'une philologie européenne, idée qui, aujourd'hui pourrait être d'une haute actualité.

Sandfeld précise son objectif ainsi: «...le but principal des rapprochements que nous allons faire est de contribuer un peu à la mise en lumière de ce que M. Bally a si bien appelé la «mentalité européenne».» (p. 166). La référence à Bally est intéressante: en effet, il y a beaucoup de ressemblances entre les deux philologues, surtout en ce qui concerne l'application pratique de la stylistique dans l'enseignement.

Les calques linguistiques sont présentés selon une répartition en trois catégories: 1) *Emprunt sémantique*: «Le sens d'un mot s'élargit d'après les significations du mot correspondant d'une autre langue» (p. 167), comme par ex. les imitations du polonais, du tchèque et des langues scandinaves du développement de *Stadt* 'lieu' > 'ville'; 2) *formation de nouveaux mots à base de la traduction*, par ex. *découvrir* > all. *entdecken, révéler* > all. *entschleiern*; 3) *traduction des locutions*, par ex. *faire la cour* > all. *den Hof machen*.

À la fin de l'article, Sandfeld laisse entendre qu'il espère publier un travail plus détaillé sur la question des calques. Malheureusement, il n'a jamais pu réaliser ce projet, exception faite de la petite publication *Problèmes d'interférences linguistiques*, *Actes du quatrième congrès international de linguistes*, København, 1938, p. 58-61. Par contre, il a pu rassembler beaucoup de matériaux pour l'oeuvre suivante *Sprogvidenskaben*.

Pour modeste qu'il paraisse, le petit article de Sandfeld est cité, encore aujourd'hui, dans les études sur l'interférence et les calques linguistiques pour ses exemples et leur systématisation (cf. par ex. U. Weinreich, *Languages in contact*, 1963).

Comme nous allons le démontrer dans les pages suivantes, il y a beaucoup d'affinités entre le concept de la linguistique de A. Meillet et celui de Sandfeld. Le reflet linguistique de la civilisation européenne est observé aussi par Meillet: «Beaucoup plus qu'on ne le croit, beaucoup plus que ne le souhaitent des nationalismes myopes, les vocabulaires qui expriment notre civilisation européenne concordent entre eux» (Meillet, 1936, p. 42, cité par Swiggers, *Antoine Meillet et la méthode en linguistique*,

p. 598, in Aarsleff, Hans, Kelly, Louis G. / Niederehe, Hans-Josef (eds.), *Papers in the history of linguistics*, Amsterdam, 1987, p. 595-606).

Sprogvidenskaben (La linguistique), 1913, 169 p.

Mon exemplaire personnel de *Sprogvidenskaben* a été acquis chez un bouquiniste danois. Sur la couverture, le marchand avait écrit le prix et le mot *'eftersøgt'*, c'est-à-dire 'recherché'. – *Bisætningerne* était le manuel de français pour plusieurs générations d'étudiants, *Sprogvidenskaben* devait devenir l'introduction à la linguistique de plusieurs générations d'étudiants en langues au Danemark, un livre souvent cité et valorisé.

La 1e éd. de *Sprogvidenskaben* paraît en 1913 (169 p.), et la 2e éd. (307 p.), sur laquelle se base la présentation suivante, en 1923. Une édition allemande, abrégée (124 p.), traduite du danois par Kr. Sandfeld lui-même, est publiée en 1915, suivie par la 2e éd. en 1923.

L'exposé de Sandfeld, qui, d'une façon remarquable, réunit une haute érudition avec une exceptionnelle clarté d'expression, est basé, comme toujours, sur ses énormes matériaux et la vaste connaissance des langues, avec des références, non seulement à une longue série d'études danoises et scandinaves, mais aussi aux oeuvres linguistiques fondamentales de l'époque, comme par ex. les divers travaux de Meillet, de Otto Jespersen, de Vilh. Thomsen, de Holger Pedersen et l'*Atlas linguistique de France* de J. Gilliéron (Paris 1902-12). Parmi les oeuvres danoises, je tiens à signaler l'importance attribuée à la grammaire danoise de Wivel *Synspunkter for dansk sproglære* (Des observations pour l'étude du danois), København, 1901, que Sandfeld cite déjà à la p. 2, et qui se distingue par son refus du modèle traditionnel de description et de catégorisation, hérité des grammaires latine et grecque, en y opposant une description «immanente», fondée sur la langue spécifique en question.

Le livre de Sandfeld, structuré d'une façon nette, comporte 5 chapitres:

    I   Introduction
    II   La vie et le changement de la langue
        A   Changements au niveau du mot (Analogie; Phonologie; Sémantique)
        B   Changements de vocabulaire
        C   Changements au niveau syntaxique
        D   Influences des autres langues
        E   Le changement linguistique en général
    III Formation des dialectes
    IV Généalogie des langues
    V   La linguistique par rapport aux autres sciences

Dans l'introduction, Sandfeld commence par définir l'objet de la linguistique, qui, selon lui, est d'expliquer et d'interpréter l'activité humaine de la *parole* et sa fonction comme moyen de *communication*. Le champ de recherche de la linguistique est constitué par *toutes les langues du présent et du passé*, et tient compte de tous les registres de la langue. La langue est «parmi les dons les plus hauts de l'humanité» (p. 2), et, en *reflétant les pensées*, la langue se fait témoin de l'histoire de la civilisation. En conséquence, la linguistique est à considérer comme une *science culturelle*, au même titre que l'histoire, l'archéologie et l'ethnographie. Le parallèle entre linguistique et archéologie constitue une constante dans l'oeuvre de Sandfeld.

Tout comme chez Meillet, la *langue,* pour Sandfeld, veut dire la réalité linguistique, et non le système. Sandfeld observe la réalité, et puis il interprète ses observations, en confrontant entre elles les dates (p. 9), pour, ensuite, établir ses classifications des matériaux. De son point de vue empirique, il rend explicite son *refus* de la recherche théorique et abstraite: «Au lieu d'examiner de façon systématique les langues en observant la réalité telle quelle, au point de départ on a déjà formulé les théories pour utiliser les seules données de la langue qui sont conformes aux théories» (p. 3).

À la différence de beaucoup de ses contemporains, Sandfeld considère que la langue n'est pas seulement *la langue écrite*: «la langue écrite n'est qu'une reproduction imparfaite de la langue parlée» (p. 9). En effet, beaucoup des observations notées dans ses oeuvres de jeunesse (surtout celles relatives à la langue danoise) concernent la *langue parlée*. On peut regretter que ce trait positif ne se reflète pas dans ses grandes oeuvres des années trente.

Déjà avec le titre du chapitre II *La vie et le changement de la langue*, Sandfeld révèle, en utilisant le mot 'vie' à propos de la langue, un trait fondamental de sa conception du changement linguistique. Selon lui, la langue est toujours «en mouvement», c'est-à-dire que le changement est directement observable au moment présent. La *variation* linguistique, grâce à *l'homme* et aux *conditions sociales*, est décisive pour le changement. Par cette conception, Sandfeld prend ses distances par rapport aux néogrammairiens, adoptant ainsi un point de vue semblable à celui de Meillet (cf. Swiggers, *La conception du changement linguistique chez Antoine Meillet*, in *Folia Linguistica Historica*, VII, 1, 1986, p. 21-30.): «Les changements qui, dans leur totalité, forment l'histoire d'une langue, sont des résultats de divers procès, souvent très compliqués, qui, en partie se soutiennent réciproquement, en partie sont contraires.» (p. 10). Sandfeld choisit, pour son exposé, une division simplifiée, en distinguant entre les changements intérieurs à la langue et les changements dus à l'influence d'autres langues. Pour les changements intérieurs, il établit une distinction entre ceux qui concernent les formes de la langue et ceux qui sont d'ordre sémantique.

Dans son compte rendu extrêmement positif de l'ouvrage, Otto Jespersen note l'importance attribuée au phénomène de l'association des idées pour le changement linguistique. Selon lui, le paragraphe très détaillé traitant le changement sémantique est original et constitue, grâce aux critères psychologiques d'explication, une innovation.

Le paragraphe consacré à l'influence des autres langues traite une question qui est centrale dans les recherches et les travaux de Sandfeld, à savoir l'étude des *associations de langues*. Parmi beaucoup de facteurs concomitants, l'importance de la supériorité culturelle et celle du prestige et de la mode sont encore soulignées, comme dans sa première oeuvre, datant de 1900, sur la situation de la péninsule balkanique.

Le paragraphe *Le changement linguistique, en général* synthétise et approfondit des idées déjà exprimées dans les pages précédentes, sur le rôle de l'individu dans les conditions culturelles et sociales de la variation linguistique. S'opposant à la conception du changement comme conséquence des *lois de la nature*, qui ont pour effet de modifier le *système* linguistique, Sandfeld souligne la présence de l'imprévu, comme par ex. l'influence exercée par l'intervention, pas toujours heureuse, des autorités de la grammaire (p. 189). À titre d'exemple, il cite la langue française écrite.

Sans les nommer directement, Sandfeld formule évidemment une attaque à l'adresse des néogrammairiens: «...en ce qui concerne les changements phonétiques, la théorie de leur apparition contemporaine chez tous les parlants présuppose l'existence de changements «mécaniques», conception qui n'est pas fondée...» (p. 188). Par contre, les changements en général (y inclus ceux de phonétique) partent de centres ou milieux isolés, et s'expliquent par le critère général de l'inclination de l'homme à imiter les autres.

Le chapitre sur la formation des dialectes montre avec plus d'évidence encore le concept de Sandfeld sur la *variation linguistique*. L'exposé offre un synopsis précis sur le champ de la dialectologie, en distinguant entre dialectes géographiques et dialectes sociaux ou sociolectes.

En traitant le rapport entre la linguistique et les autres branches de la science, dans le dernier chapitre de son ouvrage, Sandfeld tient à préciser (p. 277-78) son opinion sur l'idée de la langue comme *reflet* de la pensée humaine. Il garde ses distances à l'égard de la conception romantique, telle qu'elle est formulée par Wilh. H. Humboldt dans sa fameuse oeuvre *Über die Verschiedenheit des menschlichen Sprachbaues und ihren Einfluss auf die geistige Entwicklung des Menschengeschlechtes*, Berlin, 1836, conception qui a mené directement à des conclusions absurdes et aberrantes. À titre d'exemple, Sandfeld cite la tentative du linguiste allemand F. N. Finch qui consiste à considérer la structure de la langue allemande comme étant l'expression de la conception du monde par les Allemands pour arriver à cette conclusion («naturellement», observe Sandfeld, avec beaucoup d'ironie) que la langue allemande est l'expression d'une puissance de volonté et de force spirituelle exceptionnelles. Un autre linguiste (dont il ne révèle pas le nom) a interprété l'emploi du futur français avec la valeur d'un impératif (par ex. *tu le feras!*) comme étant l'effet de la mentalité tyrannique et du manque de scrupules des Français.

Du reste, Sandfeld avait déjà, dans le chapitre sur les changements sémantiques, formulé sa conception de l'*arbitraire des signes* (p. 78).

Par son attitude, déjà décrite, à l'égard des idées de Humboldt, Sandfeld dévoile son intention de suivre la conception personnelle de Madvig, partagée ensuite par Vilh. Thomsen (cf. Jensen, p. 82 et p. 88). Ainsi *Sprogvidenskaben* poursuit et développe une orientation particulière de la tradition linguistique danoise qui remonte à Madvig, en la combinant avec des innovations semblables, et peut-être inspirées par elles, aux idées de A. Meillet.

Sandfeld s'est donc éloigné, de façon notable, de la linguistique historique de la fin du XIXe siècle, en insistant sur le rôle de l'homme et sur l'importance de la variation linguistique pour le changement linguistique. C'est une orientation qui sera encore plus nette dans le chef-d'oeuvre *Linguistique balkanique*, 1930. Comme dans le cas de Meillet (cf. Swiggers, 1986, p. 21), on peut y voir un jalon historique des idées sociolinguistiques, gravitant autour du changement linguistique, telles qu'elles seront exposées par Weinreich, Labov et Herzog.

Suite à ces constatations, l'objection de Blinkenberg (citée p. 5-6), selon laquelle l'exposé de Sandfeld serait seulement historique, nous semble assez discutable. En formulant sa conception du changement linguistique («la langue est toujours en mouvement»), Sandfeld, selon nous, fragilise la dichotomie synchronie-diachronie.

Le livre de Sandfeld fut accueilli par le public danois avec enthousiasme, comme le prouvent de nombreux comptes rendus et plusieurs chroniques parues dans les quotidiens, qui en glorifient les qualités de vulgarisation.

Dans son compte rendu, Otto Jespersen (*Nordisk Tidsskrift för Vetenskap, Konst och Industri*, 1913, p. 613-15) manifeste l'estime d'un spécialiste. Par contre, écrit en danois, le livre passa presque inaperçu dans les milieux linguistiques hors de la Scandinavie. Et les rares et brefs comptes rendus de l'édition allemande (une traduction abrégée, qui ne reflétait guère les hautes qualités de l'original) ne furent guère positifs. Toutefois, il faut noter que A. Meillet, dans son très court compte rendu de l'édition danoise de 1923 (*Bulletin de la Société Linguistique*, 1925), laisse transparaître une adhésion limitée, qui, dans les comptes rendus qu'il fera par la suite sur les travaux de Sandfeld, sera sans restriction: «M. Sandfeld a été obligé de faire paraître cette seconde édition avant d'avoir pu refondre et augmenter son livre comme il le désirait. Mais, tel qu'il est, le livre est bon. C'est, on le sait, un manuel de linguistique évolutive où les notions sont exposées avec beaucoup de méthode et de clarté. Le fait que l'auteur est danois de langue et romaniste de profession lui donne son accent particulier entre les traités existants.»

Carrière et vie privée

En 1913, à l'âge de 40 ans, Sandfeld était encore 'docent'. Dans une lettre privée, son ami Holger Pedersen, nommé professeur en 1903, lui conseilla vivement de présenter à l'Université une demande en vue d'une chaire de professorat extraordinaire. Pressé surtout par sa situation économique, qui le contraignait à enseigner dans diverses écoles pour pourvoir à l'entretien de sa famille, Sandfeld finit par accepter de le faire.

Comme exposé des motifs, il excipe de sa situation économique, du besoin de pouvoir suivre la rapide évolution de la linguistique et du nombre croissant des étudiants de français. En outre, il signale que, depuis 1908, l'année où son collègue Kr. Nyrop est frappé par la grande tragédie de sa vie, la cécité, il a occupé le poste de celui-ci dans le conseil de la faculté. Par contre, malgré les instructions de Holger Pedersen, un fin stratège sans doute, à la différence de son protégé, il passe sous silence ses hautes qualités scientifiques. La faculté recommande la candidature de Sandfeld auprès du ministère, en mettant en avant ses hautes qualités scientifiques (on soupçonne là, encore une fois, l'intervention stratégique de Holger Pedersen). Malgré tous ces efforts, c'est seulement en 1914, le 8 avril, que Kr. Sandfeld fut nommé «professor extraordinarius» de philologie romane.

Quelques jours plus tard, il devint membre de *Det Kongelige Danske Videnskabernes Selskab* (La Société royale des sciences de Danemark). Parmi les membres de cette société on peut citer Holger Pedersen, Otto Jespersen, et, naturellement, Vilh. Thomsen, qui, depuis 1909, en était le président. Dès lors, Sandfeld fréquenta régulièrement les réunions de ladite société, en présentant sous forme d'ébauche beaucoup de ses recherches, au cours des années suivantes, tout comme il l'avait fait auparavant dans la *Philologisk-historisk Samfund*.

Autre engagement décisif dans le cadre de ses activités des années suivantes, son adhésion à *Det danske Sprog- og litteraturselskab* (La société de la langue et la littérature danoises), fondée en 1911 par Lis Jacobsen et Carl S. Petersen.

En 1911, Sandfeld fut admis à l'Académie Roumaine comme membre correspondant, preuve de la grande réputation dont il jouissait en Roumanie. Et, en 1919, il fut invité à occuper une chaire de la nouvelle université de Cluj, invitation que, cependant, il déclina poliment.

Dans leur vie privée, malgré les problèmes économiques consécutifs à la guerre, Sandfeld et sa femme s'appliquèrent à créer une ambiance familiale harmonieuse pour leurs quatre enfants. Pour meubler ses loisirs, Sandfeld partageait avec sa femme la joie de la musique. Mme Sandfeld était une pianiste émérite, et Sandfeld, musicien autodidacte, savait aussi jouer du piano. En outre, il était un passionné du jardinage. Durant cette période, il trouvait aussi des moments pour prendre part aux activités de la communauté locale, en participant à la construction d'une école et en s'engageant dans d'autres travaux comme membre de la commission de l'église.

La famille Sandfeld offrait toujours une hospitalité extraordinaire à tous les amis des enfants. Pendant la guerre, les troupes danoises de couverture étant mobilisées, elle logea dans sa Villa Vatra, pendant deux mois, un groupe de sept soldats. Malgré les graves difficultés de ces années, Sandfeld réussit à poursuivre ses recherches, comme le prouve de façon manifeste le grand nombre des publications qui vont suivre.

Kr. Sandfeld 1915

V

Lexicographie et philologie balkanique (1920-1930)

Les années vingt forment la période de la maturité de Sandfeld. Ayant obtenu une position reconnue au Danemark et au niveau international, il va composer un chef-d'oeuvre de la linguistique, à savoir *Linguistique balkanique*.

En 1923, peu après son cinquantième anniversaire, Sandfeld est élevé au rang de *Chevalier du Danebrog* ('Danebrog' est le nom du drapeau danois). Il s'appelle désormais Kristian Sandfeld: déjà en 1918, exactement le 31 octobre, il avait changé de nom, en abandonnant Jensen, décision fort pratique, d'un point de vue bibliographique.

En 1928, Kr. Nyrop prit sa retraite, et, au lieu de confier la chaire ordinaire à Sandfeld, le conseil de la faculté décida de créer deux chaires ordinaires pour les langues romanes, en transformant la chaire extraordinaire de Sandfeld en chaire ordinaire, et en déclarant vacante la chaire de Nyrop. On justifia cette décision en se référant au grand nombre des étudiants de français, qui, pour l'année 1927-28, s'élevait à 115.

Parmi les deux candidats à ce poste, on choisit Viggo Brøndal, 41 ans, qui avait déjà à cette époque une production considérable. L'autre candidat, Andreas Blinkenberg, fut chargé, la même année, d'organiser les études universitaires des langues romanes à Aarhus, où l'on venait d'instaurer un enseignement supérieur.

Entre les deux collègues Brøndal et Sandfeld, il y avait des différences marquantes, soit sur le plan du champ d'études soit sur le plan méthodologique, ce qui donnait aux étudiants la possibilité, et peut-être aussi la nécessité, de choisir entre les deux. Mais, malgré ce type de différence, il régnait entre eux une bonne entente et un respect profond.

Dans les archives de *Carlsbergfondet* ('la Fondation Carlsberg'), on peut suivre les voyages à l'étranger de Kr. Sandfeld, subventionnés par cette fondation. Il faisait très régulièrement des petits voyages à Paris pour contacter ses collègues français et pour traiter avec les maisons d'édition. En outre, il fit aussi, en 1922, un séjour d'études de deux mois en Italie: «pour approfondir mes connaissances de l'italien parlé». C'est probablement à cette occasion qu'il fit connaissance avec Carlo Tagliavini, à cette époque encore étudiant. En tout cas, Tagliavini écrivit à Sandfeld, en octobre 1923, pour le remercier chaleureusement des *Rumænske Studier* et de la *Sprogvidenskaben* (2e éd.). Cette lettre, écrite par un jeune chercheur à un vénérable maître, digne de respect, a été publiée par Manlio Cortelazzo (*Quaderni Patavini*, 6, 1987).

Pour ce qui concerne l'enseignement de Sandfeld durant cette période et pendant les années trente, j'ai pu écouter avec joie les rapports de plusieurs de ses élèves. Sans doute, les rapports des années trente sont basés sur les souvenirs les plus clairs, et, malheureusement, à cette époque les symptômes de la maladie commençaient déjà à le marquer. Toutefois, il y a quelques traits que tous sont d'accord pour lui reconnaître: un caractère aimable et gentil, une attitude modeste combinée avec un humour discret.

Selon Holger Sten, Sandfeld était «le professeur universitaire idéal», comme il le dit dans la *Nécrologie*. Ses leçons étaient toujours préparées solidement et avec soin (on a de cette caractéristique un témoignage évident dans les annotations pour ses leçons, conservées encore aujourd'hui à l'Institut d'Études Romanes à Copenhague). «Sa façon d'exposer les faits était claire et précise, et l'argumentation était équilibrée, sans omission des obstacles. En conséquence, naturellement, Sandfeld exigeait beaucoup de ses élèves, comme par ex. une sévère discipline et un moral sans faille dans les études, qualités qu'il possédait lui-même et qui, combinées avec sa nature aimable et son sens de l'humour, faisaient de lui l'éducateur idéal des sciences.» (p. 122).

Parmi les textes français qu'il préférait pour son enseignement, on trouve *Pathelin, Cyrano de Bergerac,* les pièces de Molière et comme auteurs modernes on peut citer Daudet et Lavedan (*Les beaux dimanches*), choisis évidemment pour leur langue à caractère quotidien. En outre, il enseignait la phonétique française, l'espagnol ancien (*El Cid*), l'italien ancien (*La Divina Commedia*), et, en 1923, sans doute sous l'impulsion de son voyage en Italie, *Il Dio dei viventi*, publié en 1922, de Grazia Deledda. Le roumain et le latin vulgaire apparaissaient régulièrement sur les programmes de son enseignement.

Malgré l'usage de textes littéraires, Sandfeld consacrait ses leçons presque exclusivement à l'explication linguistique, à part, peut-être, une brève référence à l'histoire de la littérature, au début du semestre. On traduisait les textes avec soin, en cherchant des équivalents danois aux constructions françaises. Puis, à partir du texte, on s'engageait dans des digressions syntaxiques et phraséologiques (selon la caractéristique de l'enseignement de Sandfeld que m'a donnée F. J. Billeskov Jansen). C'est une méthode d'enseignement de la grammaire que Knud Togeby, plus tard, fera sienne.

La sympathie de Sandfeld pour ses étudiants le portait aussi à assister aux réunions de «*Le Coq*», l'association des étudiants de français, fondée en 1925. «Je me le rappelle quand il faisait son entrée aux soirées du Coq: il restait debout, avec son aimable sourire, dans l'embrasure de la porte, sans savoir que faire ni à qui s'adresser,» raconte Eli Fischer-Jørgensen, le fameux savant danois, professeur de phonétique générale, qui étudiait alors le français.

La popularité de Sandfeld parmi ses étudiants est confirmée par les innombrables lettres que lui écrivaient beaucoup d'entre eux, même quand ils avaient fini leurs études. C'est aussi le cas des élèves de *Lærerhøjskolen* (L'École Royale des Hautes Études Pédagogiques), où Sandfeld enseigna jusqu'au début des années trente, et où il affirme avoir passé les heures d'enseignement les plus agréables de sa vie.

Vilh. Thomsen

Sandfeld, maître de tous les étudiants de français danois de cette époque, était et restait, lui-même, «l'élève» de son vieux maître bien-aimé Vilh. Thomsen. À l'âge de 50 ans, Sandfeld écrivit à Vilh. Thomsen, comme s'il était encore son élève, à l'occasion de l'anniversaire de celui-ci (le 24 janvier): «Je voudrais me sentir plus digne d'être nommé votre élève: c'est une préoccupation qui m'a souvent affligé pendant ces dernières années, le travail pour gagner ma vie accaparant une partie excessive de mon temps.» Et, inversement, Thomsen traitait le respectable professeur cinquantenaire comme s'il était toujours le jeune étudiant Kristian Sandfeld Jensen. Ainsi, il lui écrivit, dans une lettre du 26 févr. 1924: «Vous m'aviez signalé une fois pendant l'automne, qu'on vous avait prié d'écrire quelque chose sur ma vie, et que vous seriez intéressé à m'en parler ... Je vous demande de ne consigner absolument rien sans m'avoir consulté. J'aurais peut-être quelque chose à y ajouter...». Dans les ébauches d'une biographie de Vilh. Thomsen, qui se trouvaient parmi les documents laissés par Sandfeld après sa mort, on peut lire en marge les notes où l'on reconnaît la calligraphie très fine de Vilh. Thomsen et qui contiennent des corrections et des ajouts révélateurs d'une certaine vanité.

Sandfeld parlait de Vilh. Thomsen avec beaucoup de vénération. À l'occasion du quatre-vingt-cinquième anniversaire de celui-ci, il publia une chronique sur lui dans le journal danois *Dagens Nyheder* (le 25 janvier 1927), dans laquelle il dit, entre autres: «Si les linguistes danois se vantent d'être élèves de Vilh. Thomsen, ce n'est pas seulement par admiration pour sa connaissance extrêmement approfondie du monde des langues, une connaissance qui, en réalité, dépasse de loin ce que le présent exposé permet d'imaginer. C'est aussi par admiration pour la personnalité du chercheur qu'on découvre à travers ses écrits.»

Les ébauches de la biographie formaient aussi la base du discours commémoratif de Sandfeld à la *Société des sciences*, le 20 mai 1927, après la mort de Vilh. Thomsen, le 12 mai 1927, qui avait été le président de ladite société pendant 18 ans. Le discours commémoratif de Sandfeld fut suivi de trois autres, prononcés respectivement par Otto Jespersen, Harald Høffding et E.N. Setälä, fameux philologue finlandais et beau-fils de Thomsen.

Comme nous l'avons déjà mentionné, Harald Høffding et Vilh. Thomsen furent deux figures centrales à la faculté des lettres pendant plus d'une génération. Mais, en plus, ils étaient aussi amis depuis leur jeunesse. Ainsi, dans son discours commémoratif, Høffding révéla qu'ils allaient ensemble pour faire de la gymnastique pendant des années. À l'une de ces occasions, Thomsen avait confié à Høffding son déchiffrage des inscriptions de l'Orkhon: «C'était le matin d'un lundi, il y a presque trente ans, quand nous avions fini nos exercices de gymnastique (car alors nous en étions capables). À voix basse, il me dit: «Je crois que j'ai fait une découverte importante samedi soir.» Il détestait se vanter. Mais il connaissait aussi ses qualités ... Je ne l'avais jamais vu tellement en colère comme au moment où il apprit qu'un philologue russe prétendait être le premier à avoir déchiffré l'inscription de l'Orkhon. Ses yeux, habituellement doux, brillaient de colère.» Selon Høffding, on parlait du caractère taciturne de Vilh. Thomsen: «Parmi ses amis de jeunesse, il était surnommé Vilhelm le taciturne, et on disait qu'il savait se taire en cinquante langues.» – On trouve, chose curieuse, la même anecdote, à propos de Holger Pedersen.

Le discours commémoratif de Sandfeld fut publié en allemand dans *Indogermanisches Jahrbuch*, XIII, 1929, puis réédité par Thomas Sebeok, dans *Portraits of Linguists*, 1966.

Dans sa nécrologie de Sandfeld, Holger Pedersen signale que celui-ci, à sa mort, avait en préparation un livre sur Vilh. Thomsen. Il s'agit probablement d'un malentendu. Dans les documents de Sandfeld, on ne trouve que deux ébauches brèves d'une biographie de Thomsen, et à travers le caractère forcé, différent du style habituel de Sandfeld, on sent le travail de contrôle de Vilh. Thomsen.

Le point culminant de cette biographie, c'est la visite de Thomsen en Finlande en 1912. Le septuagénaire fut accueilli avec tous les honneurs comme un chef d'État. C'était sa première visite en Finlande depuis 40 ans, et on l'avait invité pour honorer ses recherches exceptionnelles dans le domaine de la linguistique finno-ougrienne.

Pour pouvoir s'appuyer sur un témoin oculaire de cette visite, Sandfeld s'adressa à Joh. Eyser, conservateur à la Bibliothèque de l'Université, qui avait accompagné Vilh. Thomsen pendant le voyage en Finlande. Le 24 août 1924, Eyser écrivit la lettre suivante à Sandfeld:

Cher Monsieur le Professeur,

Au printemps et en été, avant que le Professeur Vilhelm Thomsen ne se rendît à Helsinki en septembre, le sculpteur finlandais Alpo Sailo était venu à Copenhague pour faire son buste, à la demande de la Société finno-ougrienne, dont le président était Setälä, et la cérémonie inaugurale relative à ce buste fut naturellement le clou des festivités organisées en l'honneur de Thomsen.

A Aabo, où nous étions arrivés par le bateau pris à Stockholm, Thomsen avait, pour la première fois en 40 ans, parlé finnois sur le sol finlandais, avec un petit garçon, auquel il avait demandé son chemin lors d'une promenade dans les rues, et, sans péripéties particulières, nous arrivâmes en fin d'après-midi à Helsinki, où nous fûmes reçus par le Professeur Anders Donner, recteur de l'Université, Setälä et le sculpteur Sailo accompagné de Madame, montrant tous un visage des plus radieux.

Mais à peine eus-je mis les pieds dans ma chambre d'hôtel que le sculpteur Sailo, mon bon ami de Copenhague, et Madame se présentèrent devant moi, tous deux en proie au plus sombre désespoir. Le buste de Thomsen, sculpté par Sailo, qui devait arriver par bateau de Copenhague, n'était pas parvenu à destination, et qu'allait-on faire alors? Nous nous mîmes d'accord pour télégraphier à la fille de Thomsen, devenue aujourd'hui Madame Setälä, pour qu'elle envoyât immédiatement un exemplaire du buste que Sailo avait offert à Thomsen à titre personnel et qui se trouvait dans la salle de séjour. Ainsi, c'est l'exemplaire personnel de Thomsen qui fut inauguré à Helsinki durant la grande cérémonie, la dédicace de Sailo, au pied du buste, ayant été joliment recouverte du Danebrog.

Autrement Thomsen menait une vie bien paisible à Helsinki et, conformément au programme, faisait un cours tous les deux jours. Avant le premier cours, il fut reçu à l'Université de façon très solennelle. Un choeur chanta le «Chant de Suomi», devant une assistance représentative.

Les cours avaient lieu en danois, sauf quelques-uns parmi les derniers que Thomsen fit en finnois. Cette question de l'emploi du finnois était petit à petit devenue un grand problème et avait fait l'objet de nombreux débats, auxquels je fus mêlé. Le recteur, le Professeur Donner, qui lui-même parlait le finnois très médiocrement, prétendait que l'emploi du finnois allait rendre les cours de Thomsen incompréhensibles pour plus de la moitié des étudiants, alors que d'autres répliquaient que si l'on ne pouvait parler finnois dans une université finlandaise, où est-ce qu'on le ferait alors? De plus, Thomsen, avec l'aide de Madame Moltesen, avait préparé ses cours en finnois avec le plus grand soin, et ils furent d'ailleurs d'un effet saisissant. Selon ce qu'on m'en a dit, ils étaient conçus dans une langue extraordinairement belle et poétique, et, de surcroît, c'était sûrement la première fois qu'un étranger parlait finnois du haut d'une chaire universitaire finlandaise. La femme du Professeur J. J. Mikkola, l'écrivain assurément un peu exalté Maila Taivola, se retira en donnant libre cours à ses larmes dans un élan de patriotisme et revint peu après pour embrasser Thomsen sur le front dans la plus profonde extase. Mais les cours firent indubitablement une forte impression même sur des auditeurs plus blasés, et le cortège aux drapeaux des étudiants était, pour cette raison, l'expression naturelle et quasi légitime de l'hommage que voulait lui rendre tout le pays.

Il n'en avait rien su à l'avance. Un dimanche matin, alors que, de sa chambre d'hôtel de «Seurahuone» (la Maison de la Société), il regardait les quais du port, des gens se mirent petit à petit à se ranger. «Tiens, il va certainement y avoir un concert ici», remarqua-t-il à mon adresse, mais d'ailleurs tout en restant parfaitement indifférent, et c'est seulement quand il vit les nombreux drapeaux et que Donner et Setälä se présentèrent à lui, portant chapeau haut de forme et redingote, qu'il comprit que l'hommage lui était adressé.

Il fut profondément ému. Le porte-parole des étudiants, le maître de conférences Laurila, je crois, se présenta dans sa chambre à la tête d'une petite délégation et lui fit un beau discours en finnois, auquel Thomsen répondit en quelques mots également en finnois. C'est que tout était si inattendu qu'il dut improviser. Là-dessus, il sortit sur le toit en terrasse de l'hôtel et reçut, pendant plusieurs minutes, l'hommage frénétique des étudiants. C'était, d'après ce qu'on m'a raconté, la première fois que les corporations des étudiants de Finlande, normalement fortement divisées, avaient pu se mettre d'accord pour une telle manifestation.

Le porte-parole des étudiants l'ayant invité à faire une visite au bâtiment, alors tout nouveau, de leur Association, Thomsen, sous les cris de joie sans fin des étudiants les accompagna à pied (bien qu'il y eût une voiture à sa disposition) audit bâtiment, où il visita les locaux des différentes «nations» et inscrivit son nom sur leurs livres d'or.

Depuis, j'ai su de divers côtés que cette situation, où Thomsen déambula * à travers les rues en compagnie des étudiants, était ce qu'on avait vu de plus beau à Helsinki. Dans votre livre vous n'aurez guère besoin d'un aperçu des dîners et festivités auxquels nous avons participé amplement. Cependant, je dois mentionner que les universitaires offrirent un dîner et que, ouvert à ce qui fut appelé «une participation de concitoyens», on donna un imposant banquet, où étaient présents, pour ainsi dire, tous ceux qui ont un nom en Finlande et où furent tenus plusieurs des discours reproduits dans «Orationes». Y étaient présents, entre autres, des hommes comme Juhani Aho et le fameux peintre Axel Galén-Kallela.

Il faut ajouter encore que, peu après son arrivée à Helsinki, Thomsen alla déposer une gerbe sur la tombe du Pr Otto Donner.

Quand nous quittâmes Helsinki, il y avait, à la gare, un choeur qui chanta «C'est un charmant pays» **, en traduction finnoise (On armahainen maa).

Lorsque vers le soir, un soir d'octobre pluvieux et froid, nous arrivâmes à Aabo, (sans doute à l'instigation de Mikkola) une petite délégation de trois hommes (des gens du peuple et un inspecteur pénitentiaire comme interprète), vint voir Thomsen dans son compartiment. Eux aussi voulaient, en des termes chaleureux, le remercier pour tout ce qu'il avait été pour la Finlande. Et tandis qu'une chorale, qui, sous des parapluies dégouttant de pluie, avait pris place sur le quai pour chanter des chants patriotiques, le bateau était ancré entre les îlots de l'archipel côtier finlandais.

J'espère avoir donné là les grandes lignes extérieures de notre voyage mais, par ailleurs, je reste à votre disposition pour toute autre information.

Votre respectueux et dévoué

J. Eyser

* «tågade» dans le texte, en finno-suédois (N.D.T.)
**L'hymne national danois (N.D.T.)

On peut s'imaginer que la version que donne Sandfeld de ces événements, dans son discours officiel, devait être d'un style plus formel, qui ne permettait pas de relater les épisodes comiques.

Lexicographie et études danoises

Comme nous l'avons déjà mentionné, Sandfeld s'occupait aussi de recherches sur le danois et, par conséquent, il était un membre actif de la Société de la langue et de la littérature danoises. Il participa à la réédition de deux textes en danois ancien (*En Ræffue Bog* (Roman de renard) et *Hans Mogensens Oversættelse af Philippe de Commines Memoirer* (La traduction des Mémoires de Philippe de Commines par Hans Mogensen)), en fournissant des appendices sur le vocabulaire et des aperçus sur l'histoire de la langue danoise.

En même temps, Kr. Sandfeld collaborait assidûment à la rédaction de *Ordbog over det danske sprog* (Vocabulaire de la langue danoise), projet gigantesque qui allait déboucher sur une édition en 28 volumes, le premier paraissant en 1919, et le dernier en 1956. Après avoir contribué à ce travail par l'apport d'une grande quantité d'entrées jusqu'au VIIe volume (1925), il abandonna cette activité, devenue un grand obstacle à ses autres recherches, et surtout au projet de la grande syntaxe française.

En 1920, la faculté l'avait désigné comme membre, représentant l'université, de la Commission de l'Orthographe qui devait assumer la responsabilité de l'édition d'un *Dansk retskrivningsordbog* (dictionnaire de l'orthographe danoise). La première édition de ce dictionnaire datait de 1923. Parmi les innovations proposées par la commission, il faut rappeler celle consistant à abolir les majuscules des initiales des noms communs. Kr. Sandfeld et plusieurs de ses collègues, comme par ex. Vilh. Thomsen, Otto Jespersen et Holger Pedersen, déjà depuis la fin du XIXe siècle, utilisaient exclusivement les minuscules. Mais, par suite d'une violente protestation, cette initiative fut rejetée.

Aussi grâce à l'entremise de Kr. Sandfeld, fut-il possible d'assurer l'exécution d'un autre projet lexicographique assez important, l'édition du plus grand dictionnaire bilingue danois-français/français-danois. En effet, les bases d'une telle initiative étaient déjà jetées depuis une trentaine d'années par Margrethe Thiele (1868-1928), qui, après avoir terminé ses études universitaires de français, de latin et d'anglais, avait été engagée comme traductrice par la Société des sciences. Elle avait des qualités éminentes comme traductrice du danois en français, et, en faisant les travaux du traduction, elle avait recueilli des matériaux énormes (selon les informations de Andreas Blinkenberg, environ 10.000 fiches). Bien que le seul dictionnaire disponible à l'époque, celui de Sundby et Barüel, fût alors insuffisant, il était assez difficile de convaincre les éditeurs de la nécessité d'un nouveau dictionnaire. Sur la recommandation de Sandfeld, Margrethe Thiele obtint une subvention annuelle de la Fondation Carlsberg, à partir de 1918 et jusqu'à sa mort en 1928, ce qui lui permit de se consacrer entièrement à ce projet, et quelque temps avant sa mort, elle commença avec Andreas Blinkenberg (qui, à la demande de Sandfeld lui avait offert sa collaboration) les préparatifs en vue de l'édition du dictionnaire danois-français, qui parut en 1937. Le projet s'est poursuivi jusqu'à nos jours d'abord avec l'édition du dictionnaire français-danois en 1966 (élaborée par Blinkenberg et Høybye), ensuite avec plusieurs rééditions. Après avoir publié, en 1991, la 4e édition du danois-français, l'équipe actuelle, sous la direction de Jens Rasmussen, prépare la 3e édition du français-danois.

Linguistique balkanique

Dans les pages précédentes nous avons parlé des subventions accordées par *Carlsbergfonden* à Sandfeld pour ses voyages. Les demandes qu'il adressait presque tous les ans à cette fondation nous renseignent beaucoup sur ses projets, ses initiatives et, en général, la planification de ses recherches. Durant les années 1913-15, pendant lesquelles il s'occupe de l'élaboration de *Sprogvidenskaben* et de la lexicographie danoise, Sandfeld exprime très souvent le désir de pouvoir reprendre ses études des langues balkaniques. En outre, il fait savoir qu'il est en train de préparer une série de conférences sur l'évolution des langues romanes, dans l'espoir de pouvoir en synthétiser les résultats dans une oeuvre constituant un bilan critique des recherches et des théories plus récentes. Ce projet, malheureusement, ne fut jamais réalisé, mais pour qui veut se faire une idée des champs d'intérêt de Sandfeld, l'information est significative.

Dans une demande datant de 1923, Sandfeld fait référence au projet d'une syntaxe roumaine que Mario Roques, professeur à Paris, spécialiste lui aussi de roumain, l'avait invité à écrire pour une série de manuels de la romanistique qu'il avait l'intention d'éditer. Cependant, la *Syntaxe roumaine* de Kr. Sandfeld et Hedvig Olsen, dont le premier volume parut en 1936, ne fut pas publiée dans la série de Mario Roques. Mais, celui-ci appartenait aux relations personnelles que Sandfeld rencontrait lors de ses voyages à Paris. Aussi, en novembre 1926, fut-il invité par Sandfeld à Copenhague, pour faire une conférence à l'université.

Dans cette demande datant de 1923 et riche d'informations, Sandfeld précise aussi que l'université l'a invité à écrire la *Festskrift*, c'est-à-dire la publication paraissant à l'occasion de la fête annuelle de l'université, et que, à cet effet, il envisageait de faire une présentation de la philologie balkanique, «comme une synthèse de ses résultats et de ses problèmes.»

Balkanfilologien. En Oversigt over dens Resultater og Problemer (La philologie balkanique. Un aperçu de ses résultats et de ses problèmes), Københavns Universitets Festskrift, 1926.

Bien qu'écrit en danois, cet ouvrage fut accueilli avec beaucoup d'intérêt à l'étranger, comme le prouvent les comptes rendus publiés immédiatement, entre autres par Densusianu, Jokl et Tagliavini (*Studi rumeni*, Roma, III, 1928, p. 145-52) qui écrit: «Ecco un libro veramente fondamentale nel campo dei nostri studi; una opera che in 118 pagine racchiude un'immensità di fatti e di idee, vagliati con cauta intelligenza, elaborati con grande pazienza e più grande amore.»

Il faut surtout signaler le compte rendu copieux et empreint d'une attention favorable de Norbert Jokl, spécialiste d'albanais, dont voici la présentation faite par Carlo Tagliavini dans sa *Storia della linguistica*, 1963, p. 217: «Nel nostro secolo doveva poi portare la linguistica albanese a un alto grado di perfezione NORBERT JOKL (nato il 25 febbraio 1877 a Bzenec in Moravia, morto a Vienna nel maggio 1942 in una prigione nazista mentre attendeva di essere deportato in un campo di sterminio), bibliotecario all'Università di Vienna; egli fu soprattutto un maestro nel tracciare la storia delle parole albanesi e nel riconoscere come voci ereditarie indoeuropee parole che prima di lui erano state considerate come prestiti; la sua opera principale è il volume *Linguistisch-kulturhistorische Untersuchungen aus dem Bereiche des Albanesischen*, Berlin, 1923.» Dans son compte rendu, paru dans la revue *Litteris*, IV, 1927, p. 191-210, Jokl présente dignement l'oeuvre de Sandfeld en la discutant avec compétence. Il relève le caractère exceptionnel de la richesse d'informations et de la clarté avec laquelle sont exposées les perspectives de la problématique en suspens. Après avoir brièvement ébauché l'état actuel des recherches balkaniques, il affirme: «Woran es aber bisher mangelte, dass war eine gründliche zusammenfassende Darstellung des Tatbestandes dieser Übereinstimmungen, eine Untersuchung des Herüber und Hinüber der sprachlichen Strömungen, eine kritische Sichtung der Forschungen über ihr Wesen, ihren geographischen Umfang, ihren historischen Ausgangspunkt, mit einem Worte eine Art «Grundriss der Balkanphilologie», der, mit möglichst reichhaltigen bibliographischen Apparat versehen, geeignet wäre, den gegenwärtigen Stand des Wissens in diesem Stoffgebiete festzulegen; und wer anders wäre zur Bewältigung dieser ebenso schwierigen wie reizvollen wissenschaftlichen Aufgabe geeigneter gewesen als der rühmlich bekannte Kopenhagner Forscher, der schon von Jahren in grundlegenden monographischen Arbeiten die Erhellung dieser Probleme wesentlich gefördert und zugleich durch allgemein sprachwissenschaftliche syntetische Werke sich das Rüstzeug für diesen Fragenkomplex erarbeitet hat?» (p. 191). Et il conclut en exprimant le désir suivant: «Vielleicht darf ich auch zum Schlusse der Hoffnung Ausdruck leihen, dass das Buch den Freunden der Balkanstudien bald im Gewande einer der verbreiteten Sprachen dargeboten werde. Wien. *Norbert Jokl.*» (p. 210). Que le compte rendu de Jokl ait été une excellente stimulation pour Sandfeld, on peut le constater en lisant les fréquentes références qu'y fait l'édition française de la *Linguistique balkanique*. Le compte rendu de Jokl et sa «réception» par Sandfeld représentent un cas exemplaire et instructif de la communication scientifique réussie et constructive.

Antoine Meillet exprime le même voeu que Jokl dans son compte rendu élogieux publié par le *Bulletin de la Société Linguistique*, XXVIII, 1928, 2, p. 65-66: «Il est à souhaiter qu'il en [de l'ouvrage de Sandfeld] paraisse prochainement une édition dans une langue plus communément accessible aux «balkanistes» que n'est le danois – et que cette édition soit accompagnée d'un index.» (p. 66). C'est probablement ce voeu qui a amené la *Société de Linguistique de Paris* à prier Sandfeld d'élaborer une version française augmentée pour sa série *Collection linguistique*. En effet, dans une lettre adressée à *Carlsbergfonden* en 1928-29, Sandfeld fait savoir qu'il a besoin de passer quelques jours à Paris pour pouvoir discuter de la version française avec Antoine Meillet.

Linguistique balkanique. Problèmes et résultats, 1930, 242 p.

Cette oeuvre est dédiée à Otto Jespersen: «À Otto Jespersen en témoignage d'amitié et d'admiration.» Dans le Chapitre I *Introduction*, Sandfeld précise le champ et le but de son exposé: «Pour désigner les études qui embrassent à la fois toutes les langues balkaniques, on se sert depuis une trentaine d'années, surtout en pays de langue germanique, du terme «philologie balkanique», dont l'auteur reste inconnu ... [cette] dénomination ... indique qu'on fait d'un groupe de langues l'objet d'une étude spéciale.» (p. 3). Mais dans le cas de la «philologie balkanique» la justification du terme ne se trouve pas dans un rapport de parenté, comme par ex. pour la philologie romane. «Si ces langues [le grec, l'albanais, le bulgare, le serbe, le roumain et le turc] sont d'origine très diverse et présentent des structures foncièrement différentes sur beaucoup de points, comment justifier alors la manière de voir qui en fait une sorte d'unité et les embrasse toutes dans une étude spéciale?» (p. 4). En réponse à la question, Sandfeld expose son hypothèse du facteur culturel, à savoir que ce sont précisément les traditions byzantines et la domination de l'église grecque qui ont exercé une influence décisive sur l'homogénéisation des peuples balkaniques, ce qui se manifeste d'une façon évidente dans «les croyances populaires, dans la littérature populaire, dans les us et coutumes.» Et il en donne pour exemple le cas de certaines légendes propres aux Balkans. C'est la même attention accordée au folklore que nous avions constatée dans le petit ouvrage sur les «Lettres du ciel» du jeune Sandfeld. Approfondissant ses idées, Sandfeld poursuit ainsi: «Ce qui est plus important encore, c'est qu'on peut montrer, dans la poésie populaire des peuples balkaniques, une certaine parenté intérieure en ce qui concerne le sentiment et la conception de la nature – la nature morte agit comme un être parlant, les oiseaux portent secours, donnent des conseils, sont chargés de messages par les amoureux, etc. – et des conformités dans l'emploi des allégories et des métaphores, dans les figures et les répétitions.» (p. 5-6).

Les recherches comparatives de ces phénomènes pourront se réunir sous le nom de *philologie balkanique*, dénomination analogue à celle de philologie classique. Mais il y a, en outre, une *unité linguistique remarquable* entre les langues en question, puisque, bien que d'origine très diverse, elles ont développé «nombre de traits communs» (p. 6).

En conséquence, il y a donc lieu «d'en faire l'étude comparative ... et de constituer une «linguistique balkanique», spéciale» soutient Sandfeld, en ajoutant, avec un raisonnement qui lui est typique: «bien entendu, ici comme ailleurs, la linguistique fera bien de ne pas négliger les études proprement philologiques.» (ibid.). Les «traits communs» mentionnés concernent le lexique, la phraséologie et, surtout, la syntaxe.

À la fin du chapitre d'introduction, Sandfeld donne un bref aperçu des recherches précédentes sur la linguistique balkanique, commencées par le slaviste Kopitar en 1829, puis reprises surtout par Fr. Miklosich (slaviste, mort à Vienne en 1891), qui, comme critère d'interprétation, avait proposé la théorie d'un substrat «qu'il identifiait avec les ancêtres des Albanais» (p. 13), théorie adoptée ensuite par Schuchardt.

Mais plutôt que d'expliquer les faits communs, l'attention des linguistes «s'est portée de préférence sur les mots d'emprunt qui ont passé d'une langue à l'autre ... En même temps l'étude spéciale de chacune des langues en question a fait tellement de progrès que bien des choses se dessinent plus clairement qu'il y a seulement une trentaine d'années.» (p. 14). À ce propos, Sandfeld rappelle les études de Weigand, G. Meyer, Holger Pedersen et N. Jokl. En outre, il mentionne les activités de la *Balkankommission*: «Vers la fin du siècle passé l'Académie de Vienne entreprit une vaste exploration des langues et des choses balkaniques. Interrompues pendant la grande guerre, les *Schriften der Balkankommission* ont été reprises ces dernières années et comptent une série considérable de monographies très importantes sur différentes langues balkaniques.» (p. 14).

Pour savoir où en est aujourd'hui la question balkanique, il est très intéressant de confronter les informations de Sandfeld avec celles d'un balkaniste contemporain: «Non è casuale, del resto, che alcuni dei ricercatori premenzionati furono tra i fondatori del primo Centro di ricerca che si occupò dei problemi linguistici dell'area balcanica, considerati in prospettiva interdisciplinare: storica, etnografica, demologica. Il riferimento è alla *Balkankommission* viennese, che divenne celebre soprattutto grazie all'attività di Fr. Miklosich e di Th. Kapidan. – Non è una coincidenza il fatto che la *Balkankommission* viennese si sviluppò in stretta connessione con gli ultimi bagliori dell'espansionismo asburgico: quando, all'inizio della seconda metà del secolo scorso, mentre l'impero ottomano cominciava a declinare e a segnare definitivamente i destini dell'Europa sud-orientale, i funzionari dell'*Austria Felix* pensavano di poter conquistare ed assimilare i territori balcanici sottoposti al giogo ottomano. – Allo stesso modo, non è un caso che il primo progetto della *Balkankommission* viennese fu la definizione di un rigoroso programma di «politica linguistica» che si pensava di poter applicare ed estendere alle genti del Sud-Est europeo, il cui territorio fu considerato come l'area per eccellenza caratterizzata da lingue e culture diverse. – Il programma era, di fatto, straordinariamente avanzato e si fondava su un reale, effettivo rispetto dell'identità etnicolinguistica, religiosa e culturale delle genti balcaniche. Inoltre, il suo primo e fondamentale scopo fu la descrizione della situazione linguistica dell'area balcanica secondo i metodi d'indagine propri della ricerca linguistica e dialettologica del tempo.» (Banfi, Emanuele, *La linguistica balcanica in Italia: origini, evoluzione e linee teoriche*, in *Linguistica*, XXXII, 1992, p. 65-66).

À la fin de son introduction, Sandfeld déclare, à propos des études précédentes, qu'il s'agit d'études spéciales sans tentative d'éclairer les rapports réciproques: « il s'ensuit que le tableau qu'on pourra faire de ces rapports ne saurait être tout à fait complet. D'un autre côté, les connaissances acquises sont suffisamment sûres pour qu'il ne risque pas d'être mal dessiné dans ses traits essentiels. Tracer ces derniers aussi clairement que possible, tel est le but des pages qu'on va lire.» (p. 15).

L'exposé en soi est divisé en trois chapitres (II-IV), suivis d'une table analytique (comprenant les mots, les termes et les auteurs cités), élaborée par Hedvig Olsen, assistante de Kr. Sandfeld.

Le chapitre II, *Les mots d'emprunt*, traite des mots que les langues balkaniques actuelles ont empruntés les unes aux autres ou qu'elles ont reçus du dehors, et ceux qu'elles ont pu hériter de langues aujourd'hui disparues.

Le chapitre est subdivisé en paragraphes, selon la langue d'origine des mots d'emprunt, et chaque paragraphe est soigneusement introduit par des précisions sur le territoire géographique de la langue en question, les faits historiques importants et les sous-groupes dialectaux. Surtout pour le grec, Sandfeld souligne l'importance des calques linguistiques ou emprunts par traduction (p. 33), un autre champ dans lequel Sandfeld s'était déjà fait remarquer.

Le chapitre III, *Concordances entre différentes langues balkaniques en dehors du lexique*, est consacré aux concordances grammaticales (phonétiques, morphologiques, syntaxiques et phraséologiques) qui relient les langues deux à deux.

Dans le chapitre IV *Concordances générales en dehors du lexique*, Sandfeld décrit les particularités qui embrassent toutes les langues à la fois ou, du moins, que présentent la plupart d'entre elles. À propos des concordances, Sandfeld affirme dans l'introduction du chapitre: «nous espérons pouvoir montrer dans ce qui suit que l'influence du grec est dans la plupart des cas l'explication la plus naturelle, parfois même la seule possible.» (p. 165).

Il s'agit des traits suivants: l'article postposé, l'extinction de l'infinitif, formation du futur avec 'vouloir' + infinitif, le cas unique génitif-datif, l'expression du possessif, formes identiques pour marquer 'ubi' et 'quo', emploi proleptique des pronoms personnels, «accusatif avec proposition substantive», c'est-à-dire extraposition où «dislocation à gauche» du thème (pron. sujet ou objet) de la proposition subordonnée, comme par ex.: «nu-l cunoscu că este zmeu» («il ne (le) reconnut pas qu'il était un dragon») (p. 194), des cas de parataxe, emploi de deux régimes directs, 'être de dix ans' = 'avoir dix ans', 'comme' = 'environ', concordances phraséologiques.

La force de l'exposé de Sandfeld réside surtout dans son aptitude à encadrer les détails dans une optique presque tridimensionnelle, en tenant compte des variations géographiques de chaque langue ou peuple et en établissant des combinaisons avec la diachronie et l'histoire de la civilisation. Dans ce cadre, Sandfeld expose les dates particulières de façon minutieuse, en discutant les résultats existants qu'il soumet d'abord à une évalutation critique, pour, ensuite, les rassembler dans une synthèse. À la fin, il précise les problèmes qui restent à résoudre.

L'édition danoise avait été, comme nous l'avons dit plus haut, l'objet d'une grande attention; mais cela est encore plus valable pour l'édition française, qui, grâce à son caractère international, put atteindre un public beaucoup plus vaste. Mes recherches bibliographiques (en l'occurrence, très peu facilitées par les annotations de Sandfeld, qui, jusque-là, avait eu pour habitude de noter tous les comptes rendus de ses oeuvres dans son exemplaire personnel de chacune d'elles, mais qui, dans le cas présent, n'a cité que Mario Roques, Meillet, Buck (spécialiste de grec à l'université de Chicago), Friedwagner et Iordan) ont révélé l'existence de plus d'une dizaine de comptes rendus. Concernant les auteurs de ces comptes rendus, on observe une certaine variété quant à la provenance géographique et à la branche de la linguistique: romanistique (surtout langue roumaine), balkanistique, linguistique générale et philologie classique.

Il faut rappeler deux événements qui, survenus entre l'édition danoise et l'édition française, font époque dans l'histoire de la linguistique, d'abord la création de l'École de Prague en 1926 et ensuite le premier congrès international des linguistes à La Haye, 10-15 avril 1928 (le second aura lieu à Genève en 1931): la *linguistique*, dès lors, réussit à se démarquer de la *philologie*. Le congrès de La Haye fut marqué par la participation des membres du *Cercle de linguistique de Prague*, et, entre autres, du linguiste russe N. S. Trubetzkoy, qui exposa sa théorie sur *l'union linguistique (Sprachbund)*. Cette théorie provoquait une rupture avec les idées traditionnelles de la relation génétique des langues, en introduisant une distinction entre *filiation* et *affinité*, qui était d'un intérêt évident pour la balkanistique, et qui devait mener à une problématisation du concept d'affinité.

Nous croyons voir dans quelques-uns des comptes rendus sur l'ouvrage de Sandfeld un reflet de ces nouvelles théories. Sandfeld, peu inclin à se livrer à des réflexions abstraites et théoriques, ne se sera, certes, pas laissé influencer par ces nouvelles idées. Toutefois, il est remarquable qu'il avait changé le titre de la version danoise Balkan*filologi* en *Linguistique balkanique* dans l'édition française. Nous avons cité son argumentation à ce propos; mais il n'est pas difficile d'imaginer que le changement lui avait été *suggéré*, par ex. par Meillet.

Sandfeld lui-même ne s'est pas prononcé par écrit ou officiellement sur le *Cercle linguistique de Prague*. Mais, comme une curiosité amusante, dont il ne faut absolument pas tirer de conclusion hâtive, je peux me référer à son habitude de mettre des petits signes en marge de ses lectures pour marquer son accord ou son désaccord (en cas d'indignation, par ex., un point d'exclamation!). J'ai eu sous les yeux l'exemplaire personnel de Sandfeld de la revue roumaine *Grai şi suflet* (5, 1931-32), qui contient, entre autres, le compte rendu (p. 366-70) de Ovid Densusianu (éminent linguiste roumain) sur les *Travaux du Cercle linguistique de Prague*. Densusianu polémique à deux reprises contre la terminologie qui y est adoptée, inutilement compliquée et abstraite, comme s'il s'agissait d'algèbre ou de chimie – et chaque fois, on retrouve le signe (on peut supposer de parfait accord) de Sandfeld dans la marge.

Tous les comptes rendus de la *Linguistique balkanique* sont favorables, les qualités de cette oeuvre étant indiscutables. Il faut tout d'abord signaler le compte rendu de Meillet, très positif, et celui de Densusianu, qui, dans une note bibliographique, relève la «metoda riguroasă, spiritul critic şi claritatea pe care ştiu să le pună în studiile lor lingviştii şcoalei danese» (*Grai şi suflet*, V, 1932, p. 202).

Mais il y a aussi des évaluations qui, bien que favorables, émettent des réserves. On relève par ex. la tendance de Sandfeld à éviter les grandes discussions théoriques, et on lui reproche de ne pas avoir élaboré une conclusion distincte. Cf. Iordan (*Buletinul Institutului de filologie română*, 1934, p. 214-20): «discuţia teoretică ocupă prea puţin loc ... Autorul a preferat să aducă şi să discute cît mai multe fapte, ştiind că însemnatatea lor întrece pe aceea a teoriilor, cu deosebire într'o împrejurare ca aceasta.» (p. 216). De son côté, Vaillant (*Revue critique d'histoire et de littérature*, 65, 1931, p. 133-37) observe: «Travaillant sur une matière qui se prête aux combinaisons hardies et qui n'a pas manqué d'échauffer l'imagination de certains de ses prédécesseurs, il s'en tient à une méthode positive: il ne songe pas à bâtir un brillant système (ses conclusions sont sages, trop sages), mais à faire oeuvre utile, en aidant à une meilleure compréhension des langues des Balkans (...) Le plan de l'ouvrage est parfois discutable: ainsi, pourquoi faire de la conclusion (pp. 213 et suiv.) le paragraphe 14 du dernier chapitre?» (p. 134).

La brièveté de la conclusion, ou carrément son absence, est un trait qui caractérise les oeuvres de Sandfeld. Ce trait est remarqué aussi dans le compte rendu de Mario Roques (*Romania*, 58,

1932, p. 100-06): «Ce livre est construit très simplement en quatre chapitres, dont il aurait peut-être été bon de dégager les conclusions en quelques pages séparées.» (p. 101).

À propos de l'adjectif *linguistique* du titre, Vaillant dit: «Précisons toutefois: l'auteur est un philologue et non un linguiste» (p. 138), jugement qu'il fonde sur l'absence de discussion linguistique sur le problème concernant l'*affinité*, ou ceci: «Il laisse entièrement de côté l'examen des conditions du bilinguisme ou du polyglottisme dans les Balkans, de même que la question des changements de langue et de l'absorption des allophones.» (p. 134). Les conditions du bilinguisme sont discutées aussi par Meillet dans son compte rendu (*Bulletin de la Société Linguistique*, XXXI, 3, 1931, p. 58-61), p. 59-60.

Dans son compte rendu paru en 1932 et dont nous avons déjà cité un passage, Mario Roques se déclare, dès le début, explicitement ami de Sandfeld («mon déjà bien ancien ami M. Sandfeld» (p. 100)); de plus, entre les lignes, il laisse transparaître sa sympathie et sa compréhension pour les qualités scientifiques particulièrement élevées de son ami. Après avoir rappelé aussi l'aspect positif de l'article de Norbert Jokl, il signale le changement du titre, en en soulignant la signification profonde, et le justifie avec les arguments de Sandfeld: «... l'idée est importante et pour ma part j'y souscris pleinement ... Je souscris aussi bien volontiers à l'addition que M. S., par ressouvenir, je pense, de son premier titre, fait aux quelques lignes que je viens de citer: «Bien entendu, ici comme ailleurs, la linguistique fera bien de ne pas négliger tout à fait les études proprement philologiques.»» (p. 101). On sent là, comme dans les observations suivantes, que Roques, en prenant la défense de Sandfeld, fait une réponse aux comptes rendus précédents. Sur la question de l'affinité des langues, Roques donne ce point de vue: «Accessoirement M. S. rappelle qu'il «faut compter aussi avec la symbiose de différentes parties des nations balkaniques et avec le bilinguisme d'une certaine quantité d'individus.» – Il ne servirait de rien de regretter que M.S. n'ait pas précisé davantage son idée sur ces derniers points, car il ne s'est proposé que de présenter des «problèmes» et d'enregistrer des «résultats» et non de construire des hypothèses explicatives.» (p. 105).

Aujourd'hui, on peut constater que l'oeuvre de Kr. Sandfeld garde sa valeur comme ouvrage de référence classique de la linguistique balkanique. Dans l'immense bibliographie dont cette discipline s'est enrichie depuis 1930, on se réfère constamment à Sandfeld (cf. par ex. Banfi, 1992, et Mihail, Zamfira, *La géographie ethnolinguistique dans la recherche comparée des langues sud-est européennes, in Revue des Études Sud-Est Européennes*, XXX, 1992, 1-2, p. 19-26). Sandfeld, individualiste, qui ne se laissait pas entraîner par les changements de la linguistique, offre, encore aujourd'hui, une lecture d'un grand profit, grâce aux valeurs universelles de son ouvrage.

VI

Les grandes oeuvres syntaxiques (1930-1942)

Syntaxe du français contemporain, 1928, 1936, 1943

Déjà en 1923, Kr. Sandfeld, dans une lettre adressée à *Carlsbergfonden*, avait fait allusion aux recherches qu'il avait effectuées pendant plus de vingt ans dans le domaine de la syntaxe française. Il y exprimait aussi l'espoir de pouvoir élaborer une étude plus poussée de la syntaxe du français moderne: «Il est vrai qu'il y a beaucoup de manuels (étrangers) sur ce sujet, mais ils ne traitent pas d'une façon approfondie l'état *actuel* de la langue.»

Trois volumes de ce grand projet furent réalisés: *I Les pronoms*, Paris, 1928, 476 p.; *II Les propositions subordonnées*, Paris, 1936, 490 p.; *III L'infinitif,* København, 1943, 539 p., édition posthume. En outre, il avait projeté, selon les informations données dans une autre lettre à *Carlsbergfonden*, l'élaboration de deux volumes, l'un sur le *temps* et l'autre sur le *prédicat*: les manuscrits de ces volumes se trouvent à l'Institut d'Études Romanes à Copenhague, et, du reste, l'exposé du prédicat dans la grammaire française de Knud Togeby est dans une grande mesure basé sur les notes qu'il avait prises en assistant aux cours de Sandfeld.

Que Sandfeld ait eu une idée de structuration d'ensemble des volumes de la syntaxe du français me semble peu probable. En présentant le tome II (1936), il déclare: «Le présent volume ... est une monographie comme le précédent ... et comme le seront les autres ouvrages que je compte publier sous le titre commun de Syntaxe du français contemporain. Il ne forme la continuation de la première partie qu'en tant que les relatifs, dont l'absence dans *Les pronoms* a pu étonner, se trouvent traités ici.». Cf. Gougenheim (*Vox romanica*, 3, 1938, p. 290-93), qui dit, faisant référence à l'avant-propos du IIe vol.: «On pourrait être surpris du plan, ou plutôt de l'absence de plan, de l'ouvrage; mais M.S. a prévu l'objection ... Acceptons donc son intention...» (p. 290).

Sans doute, le premier volume, *Les pronoms*, est-il le moins réussi. Dans l'*Avant-propos*, Sandfeld justifie ainsi l'absence d'une discussion théorique de la catégorie du pronom: «On me reprochera sans doute de ne pas m'être occupé, dans le présent volume, de la question de savoir ce que c'est qu'un pronom ... Mais c'est de parti pris ... les mots qu'on s'est habitué à réunir sous le nom de pronoms, sont de nature assez diverse ... Mais, comme personne, à ma connaissance, n'a su jusqu'ici donner une définition acceptable de ce qu'il faut entendre par un pronom, et comme il s'agit en tout cas d'un groupe de mots qu'il *faut connaître à fond pour pouvoir se servir de la langue* [souligné par nous], ce qu'on ne peut pas dire des autres parties du discours, j'ai cru préférable, pour des raisons pratiques, de m'en tenir à la tradition jusqu'à nouvel ordre» (p. XI-XII). On relève là l'insistance sur le *but pratique*. L'exposé comprend cinq chapitres: I *Pronoms personnels (y compris se, soi, et les «adverbes pronominaux» y, en)*; II *Pronoms possessifs*; III *Pronoms démonstratifs*; IV *Pronoms interrogatifs*; V *Pronoms indéfinis*.

Qui est le *destinataire* de l'exposé? – Je crois que bien des objections formulées à propos du travail de Sandfeld sont dues à ce qu'il ne se soit pas fait une idée précise du destinataire. Le destinataire, est-il le spécialiste international? – ou l'usager de la langue française? – ou l'élève étranger (danois?) qui doit apprendre le français? – Et quelle serait la justification de l'emploi du français, si, en faisant constamment des comparaisons avec le danois, on s'adresse à un lecteur danois? – Sandfeld ne nous donne aucune réponse précise là-dessus, ce qui, sans doute, a causé quelques critiques et peut-être des interprétations erronées, ou peu appropriées, de la valeur de l'ouvrage. Je pense, dans ce contexte, surtout à l'opinion de Blinkenberg sur la portée de Sandfeld dans le domaine de la syntaxe française. Me basant sur ce que je sais de son attitude scientifique, je dirai que Sandfeld est un professeur qui désire donner un ouvrage de *consultation* décrivant la langue française d'une façon exhaustive, axée sur ses propres observations de la langue et sur son expérience pratique pour les communiquer à ses *élèves* et à ses *collègues*.

L'exposition de Sandfeld présente un caractère très systématique, bien que l'absence de sous-titres concernant les paragraphes risque de nuire à la clarté de la structuration. C'est là une critique que lui avait déjà adressée Holger Pedersen dans son compte rendu (*Anzeiger für Indogermanische Sprach- und Altertumskunde*, XII, 1901, p. 90-93). Ce qui est brillant dans les trois volumes (et surtout dans l'excellente description de la syntaxe de l'infinitif), c'est la combinaison de l'analyse syntaxique détaillée et de l'observation stylistique: «...c'est un plaisir pour l'esprit de voir alignés, à propos d'un fait de syntaxe, quatre, cinq, six exemples bien classés, bien choisis et bien coupés» (Gougenheim, op. cit., p. 291). De son côté, Alf Lombard caractérise ainsi cette aptitude exceptionnelle: «Sandfeld avait l'analyse syntaxique dans le sang.» (*Zeitschrift für Romanische Philologie*, LXIV, 1944, p. 447).

Dans les avant-propos des deux premiers volumes, Sandfeld (et dans le troisième, Hedvig Olsen, au nom de l'auteur) adresse des remerciements cordiaux au linguiste français Lucien Foulet, qui avait lu les épreuves des livres en fournissant beaucoup de conseils et de renseignements, comme on peut le constater dans les notes et les additions.

Les propositions subordonnées est la version française, revue et augmentée, du chef-d'oeuvre de jeunesse intitulé *Bisætningerne i moderne fransk*. Il contient beaucoup d'exemples nouveaux; cependant, on est déçu de ne pas y trouver le charme et l'élégance de l'expression qu'il y avait dans la version danoise du jeune chercheur. Et, évidemment, il y manque un des traits qui faisaient la force de la première version, l'exposé contrastif (à part quelques comparaisons sporadiques avec le danois). Par contre, le volume est introduit par une discussion théorique, peut-être provoquée par la critique du vol. I (?), sur la définition de la *proposition subordonnée*, de sa dénomination et des critères de classement de ses différentes sortes, discussion inspirée, entre autres, par les idées de Otto Jespersen. Sandfeld y affirme: «La dénomination «subordonnée» n'est pas très heureuse ... car bien souvent ce qui est dit dans la subordonnée est précisément le principal de la communication ...» (p. IX-X). Puis, il décrit les possibilités de classement des propositions subordonnées: I selon leur forme (c'est-à-dire, classement lexicologique ou selon l'introduction) ; II selon la fonction ou le classement syntaxique; III selon le sens ou la sémantique. Le classement lexicologique est écarté en faveur de la description synchronique («...il peut y avoir de l'avantage, surtout au point de vue du développement historique, à rapprocher les diverses propositions introduites par *que*, mais dans l'ensemble c'est un classement tout extérieur» (p. XIII)). Par contre, «les deux autres points de vue, celui de la fonction et celui du sens, sont également importants. Il faut donc les combiner.» (p. XIV). Sandfeld choisit une combinaison dans laquelle il part du sens en décrivant successivement les différentes fonctions: «Le procédé est d'autant plus préférable que le sens des propositions subordonnées n'est pas indépendant de leur fonction» (p. XIV). L'exposé de Sandfeld, en conséquence, sera divisé en quatre «livres»: I *Propositions complétives*; II *Propositions interrogatives*; III *Propositions relatives* (subdivisées en indépendantes, dépendantes attributs, dépendantes adjointes); IV *Propositions adverbiales* (subdivisées en temporelles, adversatives, causales, conditionnelles, concessives, finales, consécutives, circonstancielles, comparatives et propositions de proportions).

Pour chaque type de proposition, Sandfeld donne une description détaillée de la syntaxe dans la phrase et de la syntaxe intérieure de la subordonnée, y compris l'emploi des temps et des modes. Il présente les nuances sémantiques et stylistiques, la fréquence des constructions et les différences entre celles qui se ressemblent avec une précision sans faille. Dans une certaine mesure, il envisage aussi les possibilités de choix d'autres constructions où, par ex., l'infinitif est préférable à la proposition subordonnée.

Pour donner une idée de cette capacité extraordinaire de Sandfeld, nous allons citer quelques passages de sa description de la conjonction causale *puisque*:

> «[Les conjonctions causales] se divisent en deux groupes selon qu'elles marquent la cause sans plus (type: 'parce que') ou qu'elles marquent qu'un fait quelconque est la suite logique d'un autre fait (type: 'puisque'). Dans le premier cas, la proposition causale est simplement constatante, dans le deuxième, elle est raisonnante.» (p. 307).
>
> «Par 'puisque' ... un fait quelconque est donné comme la conséquence logique et en quelque sorte nécessaire de ce qui est dit dans la principale. Si 'parce que' veut dire 'par le fait que', 'puisque' équivaut à 'en considération du fait que'...» (p. 320).
>
> «Dans la langue écrite, 'puisque' se combine souvent avec 'aussi bien'...» (p. 321).
>
> «Ce qui est motivé à l'aide de 'puisque' n'est pas directement exprimé dans des cas comme: *Et puisqu'il faut tout vous conter par le menu, nous étions allés ensemble envoyer un télégramme*» (p. 321).
>
> «À l'aide de 'puisque' on renvoie donc à un fait qui est de nature à motiver un énoncé quelconque. La plupart du temps, il s'agira d'un fait dont l'interlocuteur a connaissance ou d'une vérité reconnue par lui ou par tout le monde. Il se peut donc très bien que la proposition introduite par 'puisque' apprenne quelque chose de nouveau à l'interlocuteur ou au lecteur, pourvu que la vérification en puisse se faire ...» (p. 322).
>
> «Il va sans dire que, dans plusieurs cas, on a le choix entre 'puisque' et 'parce que', c'est-à-dire qu'on peut indiquer la cause sans plus ou faire agir le raisonnement: *je suis allé le voir, parce qu'il paraissait tenir à ma visite* ou bien: *puisqu'il paraissait tenir à ma visite, je suis allé le voir*. Dans le dernier cas, *je suis allé le voir* ne diffère pas beaucoup de: *je n'ai guère pu faire autrement que d'aller le voir*» (p. 322).
>
> «À côté de 'puisque', on se sert aussi, surtout en langue familière et populaire, de 'du moment où' ('du moment que')...» (p. 323).
>
> «'Dès lors que' ... appartient plutôt à la langue des gens cultivés, mais est bien moins fréquent que 'puisque' ...» (p. 324).

«'Comme' ... est donc synonyme de 'puisque' ... Il en diffère d'ordinaire en ce que la proposition qu'il introduit ne marque pas un fait connu ou présenté comme tel ...» (p. 324).

«Les propositions causales introduites par 'attendu que', 'étant donné que', 'en considération de ce que' et 'vu que', tous synonymes de 'puisque', appartiennent proprement à la langue judiciaire et administrative...» (p. 325).

Je n'ai pas été exhaustive: la description que fait Sandfeld de l'usage de *puisque* est encore plus approfondie, et, naturellement, dans tous les cas, il se sert d'une série d'exemples bien choisis pour appuyer, illustrer et clarifier la description. J'espère néanmoins avoir donné une petite idée de l'ampleur de sa description syntaxique. C'est seulement dans quelques rares cas que Sandfeld fait allusion à la diachronie, ce qui distingue son oeuvre de bon nombre des descriptions du français de la même période. Les exemples proviennent tous de la littérature moderne (et, comme nouveautés par rapport à l'édition danoise de 1909, on relève par ex. les noms de Mauriac, Giraudoux, Barbusse, Gide, Martin du Gard, Jules Romains, etc.) ou de la prose scientifique (laquelle nous révèle, pour une part, les lectures linguistiques de Sandfeld: par ex., plusieurs oeuvres de Meillet, les *Éléments de linguistique romane* de Bourciez, Brunot, les comptes rendus du *Bulletin de la Société de Linguistique*, Dauzat, Sechehaye, Grammont, etc.). Quand Sandfeld cite des exemples de la langue «parlée», il entend par là la langue parlée telle qu'elle est reproduite dans la littérature.

À la mort de Sandfeld, survenue en 1942, le troisième volume de la *Syntaxe du français contemporain*, intitulé *L'infinitif*, était presque terminé: il fut publié par Hedvig Olsen en 1943. La syntaxe de l'infinitif y est décrite sur la base d'une systématique rigoureuse, selon un critère fonctionnel, qui rend la consultation de l'ouvrage très agréable et facile. Le volume est divisé en six «livres», comme suit:

Livre I *Remarques préliminaires. Emploi de l'infinitif comme membre de phrase en dehors du verbe.*

Livre II *L'infinitif au lieu du verbum finitum.*

Livre III *L'infinitif régime de la préposition à.*

Livre IV *L'infinitif régime de la préposition de.*

Livre V *L'infinitif régime de la préposition pour.*

Livre VI *L'infinitif régime des autres prépositions.*

Encore un chef-d'oeuvre! Des trois volumes de la syntaxe française, celui-ci est sans doute le meilleur: jusqu'au moindre détail, Sandfeld y décrit, en virtuose, les constructions syntaxiques de l'infinitif français, en précisant les traits sémantiques et stylistiques particuliers. Ici, comme dans les autres volumes, la discussion des théories ou des opinions d'autres linguistes est réduite à un minimum absolu: c'est seulement dans des cas sporadiques qu'on trouve telle ou telle référence bibliographique.

Les trois volumes furent, grosso modo, bien accueillis par le public des spécialistes. A. Meillet (*Bulletin de la Société de Linguistique de Paris*, XXX, 3, 1930, p. 129-34) s'exprime fort élogieusement sur les *Pronoms*, en soulignant, entre autres, ceci: «L'information de M. Sandfeld est vaste ... l'auteur a une connaissance profonde, un sentiment juste du français. M. Sandfeld se sert de sources variées, qui vont du roman jusqu' aux écrits des linguistes. Il a le mérite de recourir largement à des écrivains naturels... Les exemples, dont l'assemblage et le classement constituent le principal de l'ouvrage, sont donc bien choisis pour représenter le français moyen, et, quand ils offrent des cas extrêmes, l'auteur le marque expressément. .... Recueil de faits particuliers bien observés, bien rangés, plutôt que description d'une structure. – Le linguiste regrettera cette limitation ...» (p. 129-30).

Les collègues scandinaves Wallensköld et Lombard donnent leur approbation totale à l'oeuvre. Au sujet des comparaisons avec le danois, Wallensköld (*Neuphilologische Mitteilungen*, 31,

1930, p. 107-08) émet, cependant, cette critique: «L'auteur, qui a écrit ce livre surtout en vue de l'enseignement universitaire en Danemark, compare souvent une construction française avec la façon de s'exprimer des Danois. Comme cependant l'ouvrage, pour tout son caractère, a une valeur internationale, ces comparaisons sont inutiles à beaucoup de lecteurs. Il aurait mieux valu, si une fois l'auteur y tient absolument, les rejeter en note.» (p. 108).

H. Yvon (*Revue de philologie française et de littérature*, 41, 1929, p. 212-16) signale l'inconvénient qui consiste à négliger toute théorie grammaticale: «Une conception grammaticale plus exacte aurait donné ici plus de clarté à la description» (p. 214). Toutefois, Yvon finit par souligner le plaisir que lui a apporté la lecture du beau livre de Sandfeld en reconnaissant à l'auteur: «un sens très pénétrant des nuances de notre langue qu'il écrit avec beaucoup d'aisance» (p. 216).

Par contre, on relève un compte rendu très négatif, fait par E. Lerch en 1936 (*Literaturblatt für germanische und romanische Philologie*, 9-10, 1936, p. 326-31). Les objections de celui-ci qui se réfèrent aux traits que nous avons déjà signalés comme faiblesses dans l'exposé de Sandfeld, sont d'une impertinence, d'une dérision et d'une arrogance qui semblent refléter quelque motif subjectif sans rapport avec Sandfeld ou son oeuvre. Une telle analyse, selon moi, ne respecte pas le but des comptes rendus scientifiques, but que, idéalement, on peut formuler ainsi: 1) informer un public spécialisé sur le contenu et la valeur d'une publication récente; 2) établir une communication constructive à caractère professionnel avec un collègue (et nous en avons vu un modèle parfait dans le compte rendu de Norbert Jokl). En effet, le destinataire du compte rendu de Lerch n'est pas nécessairement Sandfeld: «Aber die Ignorierung der Forschung und der Sprachgeschichte ist nicht konsequent durchgeführt; ausnahmsweise findet man, meist in Fussnoten oder in den Nachträgen, Verweise auf H. Bauche, Brunot, L. Foulet, Abel Hermant, Meillet. Sie stammen vermutlich z. T. von L.Foulet, der laut Vorwort wertvolle Bemerkungen beigesteuert hat, deraber seinerseits die ausserhalb der Landesgrenzen erschienene Forschung zu vernachlässigen pflegt. « (sic!) (p.326).

L'objection du défaut de référence à l'histoire de la langue est partagée aussi par d'autres critiques. Il est symptomatique que pour l'exposé grammatical, à cette époque, on juge la diachronie nécessaire. En ce sens, un lecteur de nos jours peut apprécier la *modernité* de Sandfeld, qui, décidé à faire une description synchronique, s'est consciemment délivré de la diachronie.

Parmi les plus beaux comptes rendus de la *Syntaxe* de Sandfeld, je voudrais mentionner celui de Gougenheim (*Vox Romanica*, 3, 1938, p. 290-93), qui porte sur les *Propositions subordonnées*. Il y a dans l'analyse de Gougenheim une compréhension très fine et exceptionnelle pour l'attitude de Sandfeld à l'égard de sa matière. Nous en avons déjà cité quelques passages, cfr. p. 81. Gougenheim admire, entre autres, la précision de la description et la richesse des exemples: «Il convient surtout de féliciter l'auteur d'avoir écarté les exemples fabriqués de toutes pièces... L'exposé de M.S. suit une marche régulière, toujours claire, toujours méthodique. On pourrait trouver par endroits un certain manque de hardiesse.» (p. 291). Et Gougenheim de conclure en formulant le souhait: « ... de voir paraître, à une cadence assez rapide, les autres volumes que nous promet M.S. Notre connaissance de la syntaxe française moderne en serait singulièrement améliorée.» (p.293).

Vraisemblablement, à cause de la guerre et, peut-être aussi, de la mort de Sandfeld, les comptes rendus de l'*Infinitif* sont peu nombreux: à vrai dire, j'en ai compté seulement deux. Il faut reconnaître que ce nombre est disproportionné avec la haute qualité de l'ouvrage. D'autre part, il s'agit de deux jugements très favorables, émis par des personnalités compétentes qui savent comprendre et apprécier les qualités exceptionnelles de Sandfeld. En 1948, Rohlfs (*Archiv für das Studium der neueren Sprachen*, 1948, p. 185) écrit: «Entsprechend dem Charakter des Werkes, das nicht historisch orientiert ist, sondern das Sprachmaterial der gegenwärtigen Sprache in einer bisher nicht gekannten Ausführlichkeit und Vollständigkeit sammelt und ordnet, darf man auch in diesem Bande keine Theorien über die

Entstehung dieser und jener Konstruktion erwarten, sondern man findet hier nur die sprachlichen Tatsachen, selbstverständlich mit Berücksichtigung der stilistischen Unterschiede und des Verwendungsbereiches dieser oder jener Konstruktion...». Dans ce contexte, on peut rappeler que Sandfeld, de son côté, avait signalé les aptitudes particulières de Gerhard Rohlfs (né en 1892), en qualifiant son article *Griechen und Romanen in Unteritalien*, Genève, 1924 (*Biblioteca dell'Archivum romanicum*, VII), d'»ouvrage de mérite» (*Linguistique balkanique*, p. 29).

Dans le second compte rendu (*Zeitschrift für romanische Philologie*, 65, 1949, p. 484-85), Walther von Wartburg dit: «Das besondere dieser Syntax beruht darin, dass der moderne Gebrauch mit einer Schärfe erfasst und mit einer bis ins einzelne gehenden Akribie dargestellt wird, die wohl kaum von einem andern Werk erreicht wird. Sodann beschränkt sich der Verfasser auf den Sprachgebrauch etwa der letzten 70 Jahre, breitet aber diesen in seltener Fülle vor uns aus. Das Abkürzungsverzeichnis S. 511-518 weist eine Überfülle von Texten aus, die S. durchgearbeitet hat, um alle Nüancen der heutigen sprache einzufangen... Gegenüber andern syntaktischen Werken muss auch hervorgehoben werden, dass nicht nur die literarische, sondern auch die wissenschaftliche Prosa herangezogen wird.» (p. 484). Et il conclut: «Wir möchten nur wünschen, dass jemand aus der Schar der ehemaligen Schüler Sandfelds dafür sorgen würde, dass auch das übrige, sicher sehr reichhaltige Material für die französische Syntax ausgewertet werden kann.» (p. 485).

On peut dire que les élèves de Sandfeld, bien qu'ils n'aient pas continué à publier, dans des éditions posthumes, ses monographies, en se basant sur les ébauches et les matériaux qu'il avait laissés, ont su très judicieusement administrer (et, peut-être, d'une façon plus constructive que s'ils s'étaient contentés de prendre en charge de telles éditions posthumes) l'héritage scientifique de Sandfeld. Comme je l'ai déjà mentionné, la grammaticographie de K. Togeby se base, en grande partie, sur les exemples et les analyses de Sandfeld, dont, en général, l'attitude linguistique a servi de modèle à la romanistique de toute la Scandinavie. De plus, la méthodologie de

Sandfeld, l'exigence stricte que la description des données linguistiques soit la plus exhaustive possible, s'est transmise à la longue série d'études linguistiques des romanistes danois et scandinaves. Et ce n'est pas une pure coïncidence si cette série comprend deux travaux sur la syntaxe de l'infinitif l'un consacré à l'espagnol (Skydsgaard 1977) et l'autre à l'italien (Skytte 1983). Dans les deux cas, l'admirable oeuvre de Sandfeld a été d'une inspiration incomparable. Même pour la récente monographie sur l'infinitif en français de Hélène Huot (*Constructions infinitives du français*, Genève, Paris, 1981), l'oeuvre de Sandfeld constitue une référence importante. Et dans la linguistique internationale, les ouvrages de Sandfeld sur la syntaxe française continuent à figurer dans les bibliographies relatives aux langues romanes.

Syntaxe roumaine, 1936, 1960, 1962

La *Syntaxe roumaine* était un projet ambitieux presque du niveau de la *Syntaxe du français*, dont une grande part de responsabilité et de mérite revient, sans doute, au coauteur Hedvig Olsen. Le premier volume, *Emploi des mots à flexion* (374 p.) fut publié en 1936. L'ouvrage, écrit en français, comprend une description de la syntaxe des noms (substantifs et adjectifs), des pronoms et du verbe. Le modèle descriptif est celui de la *Syntaxe du français*. L'exposition de la syntaxe des pronoms (où l'on observe l'absence de distinction entre pronom et adjectif, et le traitement des pronoms marquant l'identité et la totalité dans des paragraphes séparés, sans doute inspirés par les comptes rendus du volume *Les Pronoms* de la *Syntaxe du français*), selon toute probabilité, est due à Hedvig Olsen, qui avait déjà publié une monographie sur ce sujet (*Étude sur la syntaxe des pronoms personnels et réfléchis en roumain*, København 1928). Le livre III (p. 253-367) est intéressant pour la description des formes non-finies du roumain (l'infinitif; l'infinitif substantivé; le supin; le gérondif; le participe passé), domaine qui a des traits particuliers en roumain par rapport aux autres langues romanes, et dans lequel Sandfeld était spécialisé depuis sa jeunesse.

Et cela vaut aussi pour l'exposé des temps, qui est d'une précision et d'une clarté pédagogique qui font regretter que Sandfeld n'ait pas eu la possibilité de publier sa monographie sur les temps du français. Mais, en lisant ces chapitres, on s'aperçoit aussi que Holger Sten, auteur d'une excellente étude sur les temps en français (*Les temps du verbe fini (indicatif) en français moderne*, 1952), a une certaine dette envers son maître.

Les deux autres volumes II et III (*Les groupes de mots*, 255 p., et *Structure de la proposition*, 400 p.) ont paru assez tard (même après la mort de Hedvig Olsen), en 1960 et 1962, édités par Holger Sten avec la collaboration de Eugène Lozovan et A. Rosenstand Hansen. Hedvig Olsen avait terminé la rédaction du IIe volume avant sa mort (1950), alors que, pour la publication du IIIe volume, il a fallu se baser sur le manuscrit de Kr. Sandfeld, rassemblé en onze cahiers. Ce IIIe volume est «inachevé»: à la p. 378, on lit:

CHAPITRE VI
Indication de degré, d'intensité

– mais, à part le titre, rien ne subsiste du chapitre.

Comme dans les monographies sur la syntaxe du français, on constate l'absence de discussion théorique et de références à d'autres oeuvres linguistiques. On trouve, cependant, une exception assez curieuse dans le volume III, p. 168, où Sandfeld discute et justifie l'emploi du terme *attribut indirect* (pour indiquer la fonction de, par ex., *mort* dans '*a căzut mort*' = '*il est tombé mort*') au lieu de celui de *épithète attributive*. C'est, vraisemblablement, une sorte de réplique à une objection que lui avait faite G. Gougenheim dans son compte rendu des *Propositions subordonnées* (*Vox romanica*, 3, 1938, p. 290-93). En effet, nous avons remarqué que, quand Sandfeld commence à justifier ses théories ou sa terminologie, la raison en est une objection de ce genre. Alors que les auteurs de la *Syntaxe roumaine*, presque avec obstination, ont évité de citer la bibliographie linguistique adéquate, les éditeurs, par contre, y ont remédié, en munissant le troisième volume d'une bibliographie très utile sur les *Études de Syntaxe Roumaine* (p. 379-90), élaborée avec soin par Eugène Lozovan.

Malgré l'idéalisme et le grand dévouement des éditeurs, on ne peut s'empêcher toutefois de s'interroger sur l'opportunité de publier une oeuvre scientifique posthume, tant d'années après la mort des auteurs, en maintenant, et en y insistant, le but original de l'ouvrage (nous considérons, bien entendu, comme justifiée la publication d'une oeuvre scientifique de vieille date en tant que document historique). C'est un problème très délicat, qui concerne aussi le respect dû à un grand maître, la préoccupation de ne pas laisser inutilisés des matériaux précieux, mais qui, en même temps, donne lieu à des réflexions sur la question d'actualité. On peut, dans ce contexte, rappeler que les éditeurs de la version française posthume de la grammaire de Knud Togeby s'étaient heurtés au même problème, mais leurs scrupules se sont probablement révélés superflus, les quatre premiers volumes correspondant au manuscrit et le cinquième, établi par eux, ayant paru quelques années seulement après la mort de l'auteur.

Dans le cas de Sandfeld, il faut constater que ses dernières publications n'ont guère été favorisées par la fortune, et, dans la bibliographie de la linguistique roumaine contemporaine, on ne cite que rarement l'ouvrage qu'il avait conçu avec Hedvig Olsen. Une autre raison en est sans doute que les auteurs, déjà au moment d'écrire, étaient peu familiarisés avec la langue contemporaine, vivante (ce que semblent confirmer aussi les comptes rendus qui en ont été faits par les linguistes roumains). Sandfeld avait visité la Roumanie en 1905, pour une période très brève, et Hedvig Olsen, sauf erreur, n'y avait jamais été.

Les comptes rendus des trois volumes de la *Syntaxe roumaine* sont, en général, très positifs. Les légères objections se réfèrent à l'absence de problématisation théorique: les auteurs ont utilisé un système traditionnel pour décrire une langue qui, jusqu'alors, avait été peu explorée, et qui offrait des particularités assez problématiques quant à la description, particularités qui demanderaient une discussion sur les principes de classification (Weissbuch, *Buletinul Institutului de filologie română*, 5, 1938, p.

318-23). Déjà en 1937, à propos du premier volume, Gáldi (*Archivum Europae Centro-Orientalis*, III, 1-3, 1937, p. 270-72) avait formulé le voeu qu'il fût ajouté au volume suivant une bibliographie raisonnée des études de syntaxe roumaine. Comme nous l'avons noté, ce voeu fut comblé grâce à l'initiative des éditeurs des publications posthumes.

Kr. Sandfeld 1939

VII

Les dernières années de Sandfeld
Les élèves et les collègues

Dans le chapitre précédent nous avons présenté les monumentales oeuvres de syntaxe que Sandfeld avait préparées pendant des dizaines d'années en recueillant les matériaux nécessaires, et élaborées définitivement pendant la dernière période de sa vie. Cette force créative énorme lui coûta cher. Il s'isola de plus en plus de sa famille et du cercle de ses collègues. Il travaillait d'habitude jusqu'à trois ou quatre heures du matin, causant ainsi des préoccupations à sa femme, qui, pour passer, au moins quelques instants, en sa compagnie, lui servait une collation sur le minuit.

Toutefois, Kr. Sandfeld participa à plusieurs des congrès internationaux des années trente, par ex. au second congrès des linguistes à Genève en 1931, au congrès de Budapest en 1935, et au quatrième congrès des linguistes à Copenhague, à l'organisation duquel il prêta sa collaboration. À cette occasion, il présenta un de ses thèmes favoris *Problèmes d'interférences linguistiques*, contribution qui fut publiée dans les Actes du congrès (Copenhague 1938). Parmi les participants à ce congrès se trouvait aussi le jeune romaniste suédois Alf Lombard, apprécié de Sandfeld pour ses exceptionnelles qualités scientifiques. Alf Lombard, qui avait une véritable vénération pour son aîné, raconte dans sa nécrologie que les universités roumaines, à cette occasion, ne manquèrent pas d'envoyer leurs délégués et que «Les romanistes, soit dit en passant, purent y faire une constatation étrange: Kr. Sandfeld et Sextil Puşcariu se ressemblaient comme deux frères...» (p. 447).

En octobre 1939, on célébra les vingt-cinq années de professorat de Sandfeld. Lors de cette fête, il fit une conférence sur le thème *Les constructions PERSONA-PRO-RE*, avec beaucoup d'esprit et d'élégance, dans la salle dite 'Auditorium B' du vieux siège de l'université de Copenhague.

Hedvig Olsen

La collaboratrice de Sandfeld, Hedvig Olsen (1892-1950), avait étudié le français, mais, déjà pendant ses études, elle avait accordé beaucoup d'intérêt à la langue roumaine. En 1928, elle obtint un emploi comme assistante de Sandfeld à l'université, et, plus tard, elle fut nommée maître de conférences. Sa première publication sur la syntaxe des pronoms personnels et réfléchis en roumain (1928) reçut un accueil favorable, surtout de la part des linguistes roumains. Elle possédait un talent indiscutable pour la recherche, mais, étant d'une santé délicate, elle publiait peu.

Holger Sten

Parmi les élèves les plus qualifiés de Sandfeld, il faut citer Holger Sten, qui lui succédera à la chaire de philologie romane. Il fut un membre actif du *Cercle linguistique de Copenhague*, depuis sa fondation, cependant, il savait combiner son intérêt pour les théories modernes avec le respect de la tradition léguée par son maître, ce qui se reflète aussi à travers son oeuvre linguistique.

Viggo Brøndal et Louis Hjelmslev

À la différence de Holger Sten, Viggo Brøndal et Louis Hjelmslev, fondateurs du *Cercle linguistique de Copenhague*, se distancièrent de la vieille génération, qui (surtout Holger Pedersen) les regardait avec beaucoup de scepticisme. Brøndal ne parvint jamais à devenir membre de la *Société des Sciences*, et on peut soupçonner Holger Pedersen d'avoir joué un rôle décisif dans cet échec. Entre Holger Pedersen et Louis Hjelmslev les rapports étaient meilleurs, bien que ce dernier, en présentant sa thèse de doctorat, rencontrât des obstacles, dus à l'opposition du premier. Néanmoins, on trouve dans les archives de la Bibliothèque Royale de Copenhague une correspondance abondante entre les deux linguistes: en tout, 218 lettres, signe de leurs bonnes relations.

Quoique les idées de Sandfeld fussent diamétralement opposées aux théories du *Cercle linguistique*, il est important de signaler, pour faire comprendre sa personnalité et le respect qui l'entourait, qu'il était en bons termes avec Brøndal et Hjelmslev, lesquels, de leur côté, n'omirent jamais d'exprimer à l'homme et au chercheur leur sincère vénération. Dans une lettre privée datant de 1933, Hjelmslev écrivit à Sandfeld: «Pour la jeune génération des linguistes, vous serez toujours l'idéal du chercheur zélé et infatigable.» Et la nécrologie de Hjelmslev (*Acta Linguistica*, 3, 1942-43, p. 136-39) se termine par ce jugement impressionnant:

> Par l'originalité de ses vues et par la richesse de ses connaissances, par son enseignement lumineux et par le charme délicat et discret qui se dégageait de sa personnalité, Sandfeld avait une grande importance pour ses élèves. Il suivait avec un intérêt vigilant les premiers essais scientifiques du débutant et était toujours prêt à les apprécier et à les encourager. Son esprit de justice ne permettait pas que les rivalités ou les intrigues entravent le libre épanouissement des idées scientifiques. Celui qui écrit ces lignes est parmi ceux qui ont profité de son enseignement et de son influence, et qui ont senti le support de ses qualités personnelles. Il est heureux d'avoir la présente occasion d'en porter témoignage. – Louis Hjelmslev

Holger Pedersen, Otto Jespersen, Lucien Foulet

Sandfeld entretenait des rapports amicaux avec Holger Pedersen, qui venait régulièrement lui rendre visite à la Villa Vatra, et avec Otto Jespersen. Parmi les collègues français, Sandfeld avait beaucoup d'amitié pour Lucien Foulet, qu'il contactait pendant ses séjours à Paris. Une lettre, écrite par ce dernier en 1935, nous révèle que Sandfeld lui faisait une confiance particulière; en même temps, on comprend à travers cette réponse à une lettre inconnue de Sandfeld, que celui-ci traversait un moment de crise durant ces années, ce dont il n'avait rien confié à personne, à part Foulet:

21bis, rue d'Alésia
Paris, XIV					13 juin 1935

Cher Monsieur,
Je comprends fort bien vos perplexités, vos scrupules et vos instants de découragement. Mais rappelez-vous que vous vous frayez un chemin dans une forêt presque vierge, que votre analyse porte sur des nuances extrêmement ténues, que vous avez à débrouiller un écheveau compliqué qu'emmêlent encore la fantaisie, le maniérisme et parfois l'ignorance de ceux qui écrivent. Croyez-moi, vous n'avez pas lieu d'être mécontent de ce que vous avez écrit. Combien y en a-t-il de par le monde (et je n'excepte aucun pays) qui seraient capables, je ne dis pas de faire mieux, mais d'approcher de ce que vous avez fait. Moquez-vous du découragement, et allez de l'avant. (Et je suis bien sûr que c'est là votre attitude).
La fin de votre lettre me fait penser à un mot amusant que j'ai souvent entendu dans la bouche des poilus des tranchées: «(avec emphase) Rien n'est impossible à l'homme: (sur un ton plus bas et avec un clignement d'oeil, mais sans arrêt du débit) ce qu'il ne peut pas faire il le laisse.»
Mais vous, vous ne *le* laisserez pas, parce que vous pouvez *le* faire.
Pardonnez-moi mon sermon.
      Cordialement à vous,
      L. Foulet

Sandfeld mourut d'une maladie de cancer, détail dont même sa famille ne fut au courant qu'assez tard. On peut soupçonner que sa dépression, qu'on devine entre les lignes de la lettre de Foulet, était due aux symptômes de ce mal.

Knud Togeby

Knud Togeby était aussi élève de Kr. Sandfeld. Il finit ses études juste en 1942, l'année même de la mort de Sandfeld. C'est une coïncidence assez curieuse que le premier article linguistique de

Togeby *Bidrag til Propriernes Syntax* (Contribution à la syntaxe des noms propres), fût publié dans *In memoriam Kr. Sandfeld* (p. 241-53), en même temps que la dernière étude de Brøndal, *Syntaks og Fonologi* (Syntaxe et Phonologie). On considère souvent, et non sans raison, Togeby comme élève de Brøndal et de Hjelmslev. En effet, il était très engagé dans les activités du *Cercle linguistique*, et sa thèse de doctorat, *Structure immanente de la langue française* (Paris, 1951), est une brillante preuve de cet engagement. Mais dans son enseignement, Togeby se montra plutôt comme un véritable élève de Sandfeld. Bien qu'il ne l'ait connu que dans la dernière période de sa vie, il semble avoir «absorbé» certaines de ses qualités fondamentales, qui lui sont propres, faisant penser parfois au jeune Sandfeld. Comme nous l'avons déjà mentionné, pour écrire le chapitre sur l'attribut, dans sa Grammaire française, Togeby s'est basé sur les notes qu'il avait prises en suivant les cours de Sandfeld en 1940. Et toute sa description grammaticale ainsi que sa méthode d'analyse sont fortement influencées par Sandfeld, à cette seule exception qu'il ne partage pas son intérêt pour les nuances sémantiques (ce qui s'explique naturellement par son orientation structuraliste), et pour la fréquence des constructions ou leur valeur stylistique. Togeby s'occupe plutôt de décrire les *possibilités*, même les plus extrêmes, des constructions de la langue, souvent sans rien préciser sur leur régularité. C'était un virtuose de l'analyse syntaxique. Son enseignement de la langue française consistait à se concentrer sur des problèmes de syntaxe à partir de textes (littéraires) concrets, plutôt qu'à donner une présentation théorique d'une question syntaxique particulière: c'est la tradition de Sandfeld qui se poursuit.

Quant au structuraliste Togeby, il se manifestait surtout à travers ses fameux cours d'histoire des langues romanes donnés dans les années soixante. Il était capable de garder une sorte de distance froide par rapport à son auditoire, combinée avec un enthousiasme communicatif qui entraînait l'adhésion de tous ses étudiants. On appréciait l'originalité et l'esprit rénovateur de cette grande personnalité qui servait d'inspirateur idéal aux jeunes étudiants aspirant à la recherche. Il savait dégager des problèmes en enseignant, et souvent émettre de nouvelles idées ou proposer de nouvelles solutions. Dans sa méthodologie, on sentait toutefois les traces du remarquable héritage légué par le fondateur de la philologie balkanique, ce qui, pour ma part, ancienne élève de Togeby, je n'ai compris qu'aujourd'hui, après avoir étudié, de plus près, les travaux de Sandfeld. Sur le tableau noir de la salle de classe, après avoir délimité d'un formidable coup de craie la Romania, Togeby savait y confronter des phénomènes linguistiques différents, pour ensuite en déduire – avec son intuition pénétrante – de nouvelles combinaisons et de nouveaux enchaînements (cf. le principe de la *comparaison immédiate*, formulé par Sandfeld (p. 29)).

Togeby fut le maître de toute une génération de chercheurs des langues romanes. Il aura su transmettre l'héritage le plus important de la tradition de Sandfeld et, en même temps, la renouveler.

VIII

Épilogue

Le nom de Kr. Sandfeld est connu encore aujourd'hui, aussi bien au Danemark qu'à l'étranger. Au Danemark, il y a encore des personnes, parmi la vieille génération, qui se souviennent du professeur et de son enseignement. Parmi les jeunes qui étudient le français, plusieurs ont dû relever le nom de Sandfeld dans les références accompagnant les exemples des grammaires du français. Dans le milieu de la linguistique internationale, Sandfeld est connu surtout à deux titres: 1) comme fondateur de la philologie balkanique, 2) comme auteur de la *Syntaxe du français contemporain*. Mais, habituellement, on ne connaît qu'une des deux orientations de son oeuvre scientifique, alors que, pour en comprendre la portée, il faudrait en découvrir tous les aspects.

Dans les pages précédentes, j'ai cherché à donner une vue d'ensemble cohérente de la personnalité de Sandfeld, des intentions et des buts qu'il s'était proposés, comme pédagogue et comme chercheur.

En ce qui concerne sa production linguistique, nous avons eu l'occasion de constater qu'il avait une idée peu claire de son destinataire, ce qu'on peut mettre en rapport avec le dilemme du choix de la langue. Ce genre de dilemme est nettement lié au double rôle de pédagogue et de chercheur. Dans le cas de Sandfeld, le devoir du pédagogue était hautement prioritaire. C'est pour cette raison que le monde international n'a pu prendre connaissance de deux de ses chefs-d'oeuvre *Bisætningerne* (1909) et *Sprogvidenskaben* (1913), et, de ce fait n'a pu reconnaître la modernité et le fondement théorique de ces oeuvres, basées non seulement sur la maîtrise des idées sur la variation linguistique (la sociolinguistique, les interférences linguistiques et l'association des langues), dans le sens de A. Meillet, mais aussi sur une originalité scientifique personnelle.

C'est assez tard – seulement en 1912 – que Sandfeld fit paraître sa première étude en français. Quand il commença la publication de ses grandes oeuvres syntaxiques en français (certes, à la demande de ses collègues étrangers et surtout de ses amis français), il se trouva en face du même dilemme, parce que son destinataire était toujours l'élève plutôt que le collègue.

De plus, chez ses lecteurs d'aujourd'hui, il existe beaucoup de confusion ou d'incompréhension en ce qui concerne ses méthodes linguistiques. On lui reproche de ne pas discuter les théories des autres et de ne pas théoriser lui-même. N'avait-il donc pas de méthode? – À cette question, on ne trouve pas de réponse plus claire et plus frappante que celle de Alf Lombard (qu'on peut lire dans son compte rendu de 1932-33 ou dans la nécrologie de 1944):

> L'oeuvre [*La syntaxe du français contemporain*] peut être considérée comme un modèle classique de grammaire descriptive *scientifique* , par opposition au genre *normatif* de grammaire descriptive. Sur la méthode de l'auteur, nous nous permettrons de reproduire ce que nous disions dans un compte rendu du 1er volume, mais qui s'applique également au second, et aussi, déjà, au livre précurseur publié en 1909: L'auteur «a repris à la base l'enregistrement purement descriptif du français moderne, en ce qui concerne la syntaxe. Il aurait pu se fonder sur l'oeuvre de Ph. Plattner ---. sur celle de J. Storm---, sur les monographies consacrées à la syntaxe de tel ou tel écrivain moderne et conçues comme des espèces de suppléments aux manuels. Il n'en a rien fait. Il a préféré donner un livre entièrement original – original même au point de ne presque pas contenir un seul renvoi bibliographique ---. Rien de plus simple, de plus naturel, et aussi de plus utile que cette méthode: elle consiste à dépouiller un nombre très considérable de volumes, postérieurs à 1870 et appartenant à toutes sortes de milieux stylistiques, à classer les fiches, puis à établir les principes qui se dégagent de ce classement. Photographier la nature, ranger des clichés, les étudier – rien d'autre. Pas d'exemples 'home made', pas d'idées préconçues, pas de règles empruntées aux manuels, pas de jugements subjectifs sur ce qui 'doit' ou (pire encore) 'devrait' se dire. Il observe le français un peu comme une langue inconnue, inexplorée, et ne croit que ce qu'il voit.» (1944, p. 443).

On peut comparer cette caractéristique de l'attitude méthodologique de Sandfeld avec les déclarations qu'il faisait, lui-même, à propos des théories abstraites. Dans un compte rendu (publié dans *Nordisk Tidsskrift for Filologi*, 3, VIII, 1899-1900, p. 61-64) sur *Zur Geschichte des franz.* (Uppsala, 1897), de Gustav Rydberg, Sandfeld, après avoir critiqué les théories de l'auteur, observe pour conclure que: «...les interprétations, dans plusieurs cas, en réalité, ne sont que des transcriptions des *faits*.» Et nous rappelons que dans *Sprogvidenskaben*, il s'était prononcé avec énergie contre ceux qui, trop saisis par leurs propres théories, ne s'occupent que des faits qui s'y adaptent parfaitement. C'est l'homme de science empirique qui met en garde contre les risques du déductionnisme.

Parmi ses collègues français, c'est surtout son ami Mario Roques qui semble avoir compris et respecté cette attitude. Ainsi, dans son compte rendu (*Romania*, 58, 1932, p. 100-06) de la *Linguistique balkanique*, il défend Sandfeld contre ceux qui lui objectent son manque de théorie: «Il ne servirait de rien de regretter que M.S. n'ait pas précisé davantage son idée sur ces derniers points, car il ne s'est proposé que de présenter des «problèmes» et d'enregistrer des «résultats» et non de construire des hypothèses explicatives.» (p. 105).

À long terme, l'indépendance de Sandfeld par rapport aux courants théoriques de son temps et son souci scientifique de décrire les *faits* se sont révélés comme étant une *force*. Grâce à son caractère universel et à sa clarté, l'oeuvre de Kr. Sandfeld représente, encore aujourd'hui, un point de repère important dans les bibliographies de la linguistique internationale.

Par ses qualités pédagogiques, scientifiques et humaines, le modèle exemplaire de chercheur que le nom de Sandfeld représente, a exercé une influence exceptionnelle sur la romanistique danoise.

BIBLIOGRAPHIE DE KR. SANDFELD[1]

(NB. jusqu'au 31. octobre 1918 Kr. Sandfeld Jensen)

I. LIVRES ET ARTICLES

1893   *Molière og hans Modstandere 1662 – 1664*. Studier fra Sprog- og Oldtidsforskning udg. af det phil.-hist. Samfund Nr. 13. 66 p.

1891-1894   *Det rumænske sprogs stilling og vigtigste ejendommeligheder*. Kort Udsigt over Det phil.-hist. Samfunds Virksomhed, p. 268-286.

1894-1895   *Rumænsk og albanesisk*. Nordisk Tidsskrift for Filologi 3. række, III. p. 105-137.

1895-1896   *Ordet «laban»*. Dania III p. 97-104. Réponse à Gerson Trier *Ordet «laban»s oprindelse* in Festskrift til Vilhelm Thomsen 1894, p. 353-368.
Himmelbreve. Ib. p. 193-228.

1898-1899   *Denominative verber*. NTfF 3.række VII, p. 113-120.

1900   *Rumænske studier I.Infinitiv og udtrykkene derfor i rumænsk og balkansprogene. En sammenlignende undersøgelse*. København. Thèse. 135 p.

1900   *Bemærkninger om definitiv genitiv i dansk*. Dania VII, p.20-26. «Dit fæ, din tosse,» etc. Sur l'article de Eugène Schwarz in Arkiv f. nord. Filol. XV, p. 182-192.

1902   *Der Schwund des Infinitivs im Rumänischen und den Balkansprachen*. Jahresbericht des Instituts für rumänische Sprache zu Leipzig IX, p. 75-131. Version allemande de *Rumænske Studier*.

1904   *Die nichtlateinischen Bestandteile im Rumänischen*. ap. Gröber, Grundriss der romanischen Philologie I, 2e éd. Strasbourg. p. 524-534.

1903-1904   *Pour + infinitiv. Bidrag til fransk infinitivlære*. NTfF 3.række, p.145-65.

---

[1] In memoriam Kr. Sandfeld, publié par R. Brøndal, København 1943, p. 9-15.

1904   *Die Konjunktion* de *im Rumänischen. Ein Kapitel aus der vergleichenden Syntax der Balkansprachen.* Zeitschrift für romanische Philologie XXVIII, p. 11-35.
1904   *Smaabidrag til dansk syntax. I. Ejendommeligheder ved sammensatte ord.II. Spring i ordføjningen.* Danske studier, p. 111-120.
1909   *Bisætninger i moderne fransk. En Haandbog for studerende og lærere.* København og Kristiania. 256 p.
1910   *Nationalfølelsen og sproget.* Studier fra Sprog- og Oldtidsforskning udg. af det phil.-hist. Samfund Nr. 81, København. 100 p.
1912   *Notes sur les calques linguistiques.* Festschrift Vilh. Thomsen, Leipzig, p. 166-173.
1913   *Sprogvidenskaben. En kortfattet fremstilling af dens metoder og dens resultater.* København og Kristiania. 169 p.
1914   *Register til Sprogvidenskaben.* København og Kristiania. 14 p.
1915   *Die Sprachwissenschaft.* Leipzig und Berlin. Aus Natur und Geisteswelt 472. Band. 124 p. Version abrégée de *Sprogvidenskaben* (København 1913).
1919   *Ordbog til Hans Mogensens Oversættelse af Philippe de Commines Memoirer*, publié par Poul Nørlund, 3.B. København, p. 137-350.
1923   *Ordbog og sproghistorisk oversigt til Herman Weigeres «En Ræffuebog»*, publié par Niels Møller, II. København, p.225-250.
1923   *Sprogvidenskaben*, 2e éd., København. 307 p.
1923   *Die Sprachwissenschaft*, 2e éd., Leipzig und Berlin.
1926   *Balkanfilologien. En Oversigt over dens Resultater og Problemer.* Festskrift udg. af Københavns Universitet i Anledning af Universitetets Aarsfest November 1926. 118 p.
1926-1927   *Vilhelm Thomsen.* Oversigt over det Kongelige Danske Videnskabernes Selskabs Forhandlinger, p. 87-122. Discours. Videnskabernes Selskab 20. maj 1927.
1928   *Syntaxe du français contemporain I. Les Pronoms.* Paris. XII + 476 p.
1929   *Vilhelm Thomsen. 25 Januar 1842 – 12 Maj 1927.* Indogermanisches Jahrbuch XIII, p. 385-92.
1930   *Linguistique balkanique. Problèmes et résultats.* Collection linguistique publiée par la Société de Linguistique de Paris XXXI. Paris. 242 p. Édition augmentée de « Balkanfilologien» (København 1926).

1930	*Remarques sur l'emploi de l'infinitif attribut en français.* A Grammatical Miscellany offered to Otto Jespersen on his seventieth birthday, Copenhagen, p. 393-400.
1930	*Margrethe Thiele in memoriam.* Blinkenberg og Thiele, Dansk - Fransk Ordbog, le 29 août.
1930-1931	*Kristoffer Nyrop.* Oversigt over det Kongelige Danske Videnskabernes Selskabs Forhandlinger, p. 101-11. Discours. Videnskabernes Selskab le 8 mai 1931.
1934	*Note de syntaxe comparée des langues balkaniques.* Revue internationale des Études balkaniques I, p. 100-107.
1934	*«Paa godt og ondt».* Studier tilegnede Verner Dahlerup paa femoghalvfjerdsaarsdagen den 31. oktober 1934. København – Aarhus, p. 89-91.
1936	*Langues balkaniques.* Revue internationale des Études balkaniques IV, p. 465-73. Encyclopédie balkanique I, p. 54-56. Balkanski jezici. Kniga o Balkanu, Belgrad, p. 260-75.
1936	*Syntaxe du français contemporain II. Les Propositions subordonnées.* Paris, XVI + 490 p.
1936	*Syntaxe roumaine I. Emploi des mots à flexion.* Paris. 374 p. En collaboration avec Hedvig Olsen.
1937	*Über Prädikativ und Apposition im Rumänischen.* Zeitschrift für romanische Philologie LVII, p. 313-25. Festschrift Karl Jaberg zum 60. Geburtstag.
1938	*Vfr. los « louange, réputation ».* Mélanges de linguistique et de littérature offerts à M. Emanuel Walberg par ses élèves et ses amis scandinaves. Studia Neophilologica XI, p. 115-17.
1938	*Problèmes d'interférences linguistiques.* Actes du quatrième congrès international de linguistes. København. p. 58-61.
1941	*Ausspracheregeln* in Ingeborg Stemann, *Praktischer Lehrbuch der dänischen Sprache.* 2e édition København, p. 139-155.
1943	*Syntaxe du français contemporain III. L'Infinitif.* Publication posthume.

II. INTERVENTIONS À *VIDENSKABERNES SELSKAB*, IN *OVERSIGT OVER DET KONGELIGE DANSKE VIDENSKABERNES SELSKABS FORHANDLINGER*:

1924-1925 *Græske elementer i balkansprogene.* OVS. p.34
1925-1926 *Nogle punkter af pronominernes syntaks i moderne fransk.* OVS. p. 42.
1926-1927 *Nogle etymologier : 1. fr.* maint *(af lat.* magnus)*, 2. oldfr.* los « ry « *(laan fra provencalsk*: laus *postverbal til* lauzar)*, 3. rum.* pe jos «*til fods*». OVS. p. 28.
1926-1927 *Bemærkninger om den textkritiske behandling af oldfranske tekster.* OVS. p. 32.
1927-1928 *Balcanica.* OVS. p. 36.
1928-1929 *Forklaring af den i det oldfranske digt: Vie de Saint Alexis str. 28(a) forekommende verbalform* despeiret, *af Gaston Paris tydet som lat.* disparat. OVS. p. 35.
1930-1931 *Fransk* (avoir) l'air *og dets anvendelse i moderne fransk sætningsbygning.* OVS. p. 36.
1930-1931 *Partitiv apposition i rumænsk og andre sprog.* OVS. p. 48.
1931-1932 *Anvendelse af vokativ paa rumænsk.* OVS. p. 54.
1936-1937 *Prædikativ og apposition paa rumænsk.* OVS. p. 45.
1938-1939 *De slaviske sprogs indflydelse paa rumænsk syntaks.* OVS. p. 39.

III. LEXICOGRAPHIE ET NOTES BIOGRAFIQUES

Ordbog over det danske Sprog: *blaa – Brystværn* (II 1920), *Bræ – dagældende, De's – desværre, Detachement – devorere, dø* (III 1921), *døbe – dødøjet, Fel – ff, Flaa – Flav(e)* (IV 1922), *fori – forhøre* (V 1923), *Gal – Ganæske* (VI 1924), *gø – gavne, Hav – Havørred* (VII 1925).

Salmonsens Konversationsleksikon:
    Rumænsk sprog og litteratur.
    Zigøjnere.

Bricka: Dansk biografisk Leksikon:
    Vilhelm Thomsen. XVII 1903, p. 238-42.

Engelstoft: Dansk biografisk Leksikon:
    Abel, Ivar. I 1933, p. 54.
    Abrahams, N.C.L. ib. p.79-81.
    v. Aphelen, Hans. ib. p. 469-70.
    Baruël, Euchaire. II 1933, p. 219-20.
    Borring, L.S. III 1934, p. 511-12.
    Bredsdorff, J.H. IV 1934, P. 54-56.
    Broberg, S.C.O.F. ib. p. 109-10.
    Brunchmann, A.H. ib. p. 219-20.
    Brøndal, Viggo. ib. p. 293-94.
    de Coninck, William. V 1934, p. 405-06.
    Michelsen, Carl. XV 1938, p. 582.
    Nyrop, Kristoffer. XVII 1939, p. 317-20.
    Pedersen, Holger. XVIII 1940, p. 87-90.
    Rask, Rasmus. XIX 1940, p. 180-194.
    Sick, K. XXI, 1941 p. 632-33.
    Sundby, Thor. XXIII 1942, p. 139-40.
    Thiele, Margrethe. ib. p. 502-03.
    Thomsen, Vilhelm. ib. 591-606.

IV. COMPTES RENDUS

Moses Gaster: Die nichtlateinischen Elemente im Rumänischen (ap. Gröbers Grundriss der romanischen Philologie I 1888, 406 ff.) og B.P. Hasdeu: Strat şi substrat. Genealogia popórelor balcanice (Etymologicum Magnum Romaniæ III, 1, Bucureşti 1893, I, XXXVII). *Rumænsk og albanesisk.* NTfF 3.række III 1894-95, p. 105-37.

Inscriptions de l'Orkhon déchiffrées par Vilh. Thomsen (Memoires de la Société Finno-Ougrienne V, Helsingfors 1896). NTfF 3.række IV 1895-96, p. 167-83.

Holger Pedersen: Albanesische Texte mit Glossar (Des XV Bandes d. Abhandlungen d. phil.-hist. Cl. d. K. sächs. Ges d. Wiss. Nr. III, Leipzig 1895. – NTfF 3. række V, 1896-97, p. 80-84.

Kr. Nyrop: Lærebog i det italienske Sprog. København 1896. – ib. p. 85.

Erik Staaf: Le suffixe *-arius* dans les langues romanes. Upsal 1896. – NTfF 3. række VI, 1897-98, p. 85-87.

Otto Jespersen: Fonetik, Første hefte: Fonetikkens almindelige del (København 1897). Andet hefte: Den specielle dels begyndelse (ib. 1898). – *Dania* V, 1898, p. 241-44.

Joh. Storm: Dialogues français (Copenhague 1897). – NTfF 3. række, VII, 1898-99 p. 35-37.

Holger Pedersen: Zur albanesischen Volkskunde. Kopenhagen 1896, ib. p. 152.

Gustav Rydberg: Zur Geschichte des franz. I-II. Upsala 1897. – NTfF 3. række VIII, 1899-1900, p. 61-64.

G.F. Abbott: Songs af modern Greece. Cambridge 1900. – NTfF 3. række IX 1900-01, p. 156-157.

«Le Bestiaire de Philippe de Thaün». Texte critique publié avec introduction, notes et glossaire par Emanuel Walberg. Lund 1900. – ib. p. 156-157.

La nouvelle réforme de l'ortographe et de la syntaxe françaises. Texte de l'arrêté ministériel avec avant-propos et commentaire par Emile Rohde. Lund 1900. – ib. p. 158.

Finnisch-ugrische Forschungen, Zeitschrift f. finnisch-ugrische Sprach- und Volkskunde. Helsingfors 1901. – NTfF 3. række X, 1901-02, p. 107-10.

E.G.W. Braunholtz: Books of Reference for Students and Teachers of French. London 1901. – ib. p. 110.

Esquisses et contes modernes, éd. par V. Stigaard. – ib. p. 110-111.

Vilh. Thomsen: Sur le système des consonnes dans la langue ouigoure (Revue orientale II 4, Budapest 1901, p. 241- 56). – NTfF 3. række XI, 1902-03, p. 77-78.

Kr. Nyrop: Grammaire historique de la langue française I-II. København 1899-1903. – *Nordisk tidsskrift* (Letterstedska) 1903, p. 675-677.

K. Verner: Abhandlungen und Briefe herausgegeben von Selskab for germansk Filologi in Kopenhagen, 1903. – *Indogermanische Forschungen* XV, 1903-04, p. 209-14.

Oluf Nielsen: Kortfattet fransk Grammatik til brug i Skolernes Mellemklasser. 2e éd. København 1901, – NTfF 3. række XII, 1903-04, p. 44-47.

Karl Dieterich: Geschichte der byzantinischen und neugriechischen Literatur. Leipzig 1902. – ib. p. 78-80.

Finnisch-ugrische Forschungen. Zeitschr. für finnisch-ugrische Sprach- und Volkskunde nebst Anzeiger, hrsg. von E.N.Setälä und Kaarle Krohn. – ib. p. 180-81.

Neuphilologische Mitteilungen, hrsg. von Neuphilologischen Verein in Helsingfors (1903-04). – NTfF 3. række XIII, 1904-05, p. 40.

Kr. Nyrop: Kortfattet italiensk Grammatik, 2e éd. København 1903. – ib. p.41.

Oluf Nielsen: Lærebog i fransk Syntax til Brug for de højere Klasser. København 1904. – ib. p. 120-23.

Dimand: Zur rumänischen Moduslehre (Denkschr. der Kais. Ak. d. W. in Wien, phil.-hist. Klasse 49,3 1904). – *Zeitschrift für romanische Philologie*, XXIX, 1905. p. 732-44.

Studier i modern språkvetenskap, utgivna af Nyfilologiska sällskapet i Stockholm. III. Uppsala 1905. – NTfF 3. række XIV, 1905-06, p.130-132.

Jahresbericht des Instituts für rumänische Sprache zu Leipzig XI, 1904. – *Zeitschrift für romanische Philologie*, XXX, 1906, p. 621-26.

K. Dieterich: Neugriechisches und Romanisches II. Neugriechische und romanische Lauterscheinungen in ihrem Verhältnis zur Vulgär-koiné und zum Vulgärlatein sowie zu einander. *Zeitschr. für vergl. Sprachforschung*, 39. p. 81-136. – ib. p. 109-112.

Sextil Puşcariu: Etymologisches Wörterbuch der rumänischen Sprache. I. Lateinisches Element mit Berücksichtigung aller romanischen Sprachen. Heidelberg 1905. – *Indogermanische Forschungen. Anzeiger*, XX, 1906-07, p. 180-182.

H. Titkin: Rumänisches Elementarbuch. Heidelberg 1905 – ib. p. 177-180.

Från filologiska föreningen i Lund. Språkliga uppsatser III. Mélanges offerts à Axel Kock. Lund 1906. – NTfF 3. række XVI, 1907-08, p. 80-82.

Mémoires de la Société Néo-philologique de Helsingfors IV, 1906. – ib. p. 82-84.

Jahresbericht des Instituts für rumänische Sprache zu Leipzig XII – XIV, 1906-08. – *Zeitschrift für romanische Philologie* XXXIII, 1909, p. 497-502.

Kr. Nyrop: Grammaire historique de la langue française III. Kbh. 1908. – *Nordisk tidsskrift* (Letterstedtska) 1909, p. 153- 155.

Studier i modern språkvetenskap, utg. av Nyfilologiska sällskapet i Stockholm IV. Uppsala 1908. – NTfF 3. række XVIII, 1909-10, p. 86-89.

Die romanischen Litteraturen und Sprachen, mit Einschluss des Keltischen, von Heinrich Zimmer, Kuno Meyer, Ludw. Chr. Stern, Heinrich Morf, Wilhelm Meyer-Lübke. (Die Kultur der Gegenwart hrsg. von Paul Hinneberg) Teil I, Abteilung XI, 1). Berlin und Leipzig 1909. – NTfF 3. Række XVIII, 1909-10, p. 89-91.

G.Weigand: Linguistischer Atlas des dakorumänischen Sprachgebietes. Leipzig 1909. – *Revue de dialectologie romane*, II, 1910, p. 403-408.

Jahresbericht des Instituts für rumänische Sprache zu Leipzig. XV, 1909. – *Zeitschrift für romanische Philologie*, XXXIV, 1910, p. 634-636.

Karl Wied: Prachtisches Lehrbuch der neugriechischen Volkssprache für den Schul- und Selbstunterricht. 4te, verb. Auft. Wien u. Leipzig 1910. – NTfF 3. Række XIX, 1910-11, p. 185-186.

J.K.Larsen: Studier over oldspanske Konjunktiver. Historisk-syntaktiske Undersøgelser paa Grundlag af Texter fra 13.-14. Aarhundrede. Kbh. 1910. – NTfF 3. Række XX, 1911, p. 82 -93.

Neuphilologische Mitteilungen. Herausgegeben vom Neuphilologischen Verein in Helsingfors 1905-10. – NTfF 3. Række XX, 1911, p.93-94.

Joh. Storm: Større fransk Syntax I. Artiklerne. Kria. og Kbh. 1911 – ib. p. 167-174.

Henrik Bertelsen: Fællesnavne og egennavne. Småskrifter udgivne af Selskab for germansk filologi nr. 16. Kbh. 1911. – *Nordisk tidsskrift* (Letterstedska) 1911, p. 526-28.

Markus I.29. « Og da de var gåede ud af synagogen, kom de ind i Simons og Andreas' hus *med* Jakob og Johannes.» – *Teologisk Tidsskrift*, 3. Række II, 1911, p. 386-389.

Jahresbericht des Instituts für rumänische Sprache zu Leipzig XVI, 1910. – *Zeitschrift für romanische Philologie*, XXXVI, 1912, p. 360-61.

Jahresbericht des Instituts für rumänische Sprache zu Leipzig XIX-XX. 1913. – *Zeitschrift für romanische Philologie*, XXXIX, 1919, p. 383-84.

Walther v. Wartburg: Französisches etymologisches Wörterbuch. Lieferung 1 – 5. Bonn u. Leipzig 1922 ff. – *Litteris*, II, 1925, p. 73-77.

Mélanges de philologie offerts à M. Johan Vising par ses élèves et ses amis scandinaves à l'occasion du soixante-dixième anniversaire de sa naissance le 20 avril 1925. Göteborg. – *Litteris*, IV, 1927, p. 158-68.

Walther v. Wartburg: Französisches etymologisches Wörterbuch. Bonn 1925 – 28. – *Litteris*, VII, 1930, p. 12-16.

Eugen Lerch: Hauptprobleme der französischen Sprache. Allgemeines 1930, Besonderes 1931. Braunschweig, Berlin, Hamburg. – *Archiv für das Studium der neueren Sprachen*, 160, 1931, p. 283-88.

V. BIBLIOGRAPHIE COMPLÉMENTAIRE
(établie par nos soins)

a) Interventions aux réunions de la Philologisk-historisk Samfund

(*Kort Udsigt over det philologisk-historiske Samfunds Virksomhed*)

Det rumænske sprogs stilling og vigtigste ejendommeligheder. 31.5.1894. (1894, 268-282)
Et par kapitler af rumænsk-albanesisk syntax. 4.10.1894. (1894, 282)
Om Himmelbreve. 19.9.1895 (1894-1899, 16)
Balkansk Philologi. 21.5.1896 (1894-1899, 21)
En makedonisk Blandingsdialekt. 13.10.1898 (1894-1899, 39)
Om «og» for «at» i Græsk og Nabosprogene. 20.4. 1899 (1894-1899, 45)
Et Par Punkter af dansk Syntax. 5.3.1903 (1899-1904, 78)
National Følelse og nationalt Fjendskab i sproglig Belysning. 17.2.1910 ((1909-1914, 189)
Kan Bøjningsendelser og -former laanes? 21.12.1911 (1909-1914, 196)

b) Intervention dans *Romansk Forening*

Esperanto. (Manus. 19 p., Institut d'Études Romanes, Copenhague), 16.5.1902.

c) Divers

Karl Adolf Verner. 7. marts 1846 – 5. april 1896. Nécrologie. Manus. inédit, 24 p., Institut d'Études Romanes, Copenhague.
La Roumanie. Conférences pour des enseignants, Lyngby, 1906-07. Manus. Institut d'Études Romanes, Copenhague.
Etnografiske forhold paa Balkanhalvøen. Conférences pour des enseignants (Dansk Skoleforenings Kursus), Lyngby, 1909. Manus. 40 p. Institut d'Études Romanes, Copenhague.
«*Centrale indéfrisable*» (*sur l'adjectif épithétique*). Conférence dans le Coq (l'association des étudiants de français). Manus. 14 p., Institut d'Études Romanes, Copenhague, 20.3.1930.

Den rumænske nations oprindelse. Conférence dans Le Coq. Manus., Institut d'Études Romanes, Copenhague, 22.4. 1936.

La Roumanie. Conférence à la radio. Manus., sans date, 10 p., Institut d'Études Romanes, Copenhague.

Persona-pro-re-konstruktioner i fransk og i andre sprog. Manus., sans date, 23 p., Institut d'Études Romanes, Copenhague.

COMPTES RENDUS SUR LES OUVRAGES DE KR. SANDFELD

Rumænske studier I. Infinitiv og udtrykkene derfor i rumænsk og balkansprogene, København 1900.

Pedersen, Holger, in *Anzeiger für Indogermanische Sprach- und Altertumskunde*, XII, 1901, p. 90-93.

Roques, Mario, in *Romania*, 29, 1900, p. 635-36.

Weigand, Gustav, in *Krit. Jahresbericht über die Fortschritte der rom. Philologie*, VIII, 1, 1904 (ausgegeben 1906), p. 105-06.

Der Schwund des Infinitivs im Rumänischen und den Balkansprachen, Leipzig 1902.

Jarnik, Joh. Urban, Rez. *Jahresbericht des Instituts für rumänische Sprache*, Band V-IX, 1898-1903 (hrsg. von Gustav Weigand), in *Zeitschrift für romanische Philologie*, XXVII, 1903, p. 484-506 (Sandfeld Jensen, p. 506).

Bisætningerne i moderne fransk, København 1909.

Jacobsen, J. P., in *Vor Ungdom*, 1909, p. 476-79.

Michelsen, Carl, in *Politiken* (journal danois), 10. 1. 1910.

Pedersen, Holger, in *Danebrog*, 24. 11. 1909.

Staaf, Erik, in *Nordisk Tidsskrift for Filologi*, 1910, p. 133-36.

Stenhagen, Alfred, in *Zeitschrift für französische Sprache und Literatur*, 37, 1912 ?, p. 123-24.

Vising, Johan, in *Archiv für das Studium der neueren Sprachen und Literaturen*, 126. Bd., Neue Serie 26, 1911, p. 256-60.

Wallensköld, A., in *Neuphilologische Mitteilungen*, 1909, p. 225-27.

Sprogvidenskaben, København, 1913.

Cahen, Maurice, in *Bulletin de la Société de Linguistique de Paris*, XIX, 1919, p. 20-22.

Jespersen, Otto, in *Nordisk Tidsskrift för Vetenskap, Konst och Industri*, 1913, p. 613-15.

Die Sprachwissenschaft. Leipzig, 1915.

Kluge, Theodor, in *Litt. Centralblatt*, 1915, nr. 33.

Meillet, A., in *Bulletin de la Société de Linguistique de Paris*, XXII, 1921, p. 39-40.

Sprogvidenskaben, 2e éd., København, 1923.
Meillet, A., in *Bulletin de la Sociéte de Linguistique de Paris*, XXV, 1925, p. 14.

Balkanfilologien. København, 1926.
Bezdechi, St., in *Dacoromania*, 4, 1927, p. 1278-1302.
Densusianu, O., in *Grai și suflet*, III, 1927/28, p. 442-45.
Iorga, N., in *Revue historique du Sud-Est Européen*, 3, 1926, p. 374.
Jokl, N., in *Litteris*, IV, 1927, p. 191-210.
Jokl, N., in *Indogermanisches Jahrbuch*, XII, 1928, p. 146-47.
Meillet, A., in *Bulletin de la Société de Linguistique de Paris*, XXVIII, 1928, 2, p. 65-66.
Tagliavini, C., in *Studi rumeni*, Roma, III, 1928, p. 145-52.

Syntaxe du français contemporain. I. Les pronoms. Paris, 1928.
Lerch, E., in *Literaturblatt für germanische und romanische Philologie*, 9-10, 1936, p. 326-31.
Lombard, A., in *Studia Neophilologica*, 5, 1932-33., p. 83-88.
Meillet, A., in *Bulletin de la Société Linguistique*, XXX, 3, 1930, p. 129-34.
Wallensköld, A., in *Neuphilologische Mitteilungen*, 31, 1930, p. 107-08.
Yvon, H., in *Revue de philologie française et de littérature*, 41, 1929, p. 212-16.

Linguistique balkanique. Paris, 1930.
Buck, C. D. , in *Classical philology*, XXVII, jan. 1932, p. 107-08.
Cuny, A., in *Revue des études anciennes*, 33, 1931, p. 149-50.
Dawkins, R., in *The classical Review*, 46, 1932, p. 81-83.
Densusianu, O., in *Grai și suflet*, V, 1932, p. 202.
Friedwagner, M., in *Deutsche Literaturzeitung*, 53, 1932, p. 1172-76.
Graur, A., in *Revista istorică română*, 2, 1932, p. 83-86.
Iordan, I., in *Buletinul Institutului de filologie romînă*, 1934, p. 214-20.
Meillet, A., in *Bulletin de la Société Linguistique*, XXXI, 3, 1931, p. 58-61.
Pușcariu, S., in *Dacoromania*, 7, 1931-32, p. 488-497, 502-04.
Rohlfs, G., in *Archiv für das Studium der neueren Sprachen*, 86, 159 (59), 1931, p. 160.
Roques, M., in *Romania*, 58, 1932, p. 100-06.
Vaillant, A., in *Revue critique d'histoire et de littérature*, 65, 1931, p. 133-37.

Syntaxe du français contemporain. II. Les propositions subordonnées. Paris, 1936.
Gougenheim, G., in *Vox romanica*, 3, 1938, p. 290-93.

Syntaxe roumaine. I Emploi des mots à flexion. Paris, 1936.
Gáldi, L., in *Archivum Europae Centro-Orientalis*, III, 1-3, 1937, p. 270-72.
Puşcariu, S., in *Dacoromania*, 9, 1936-38, p. 448.
Weissbuch, I., in *Buletinul Institutului de filologie romînă*, 5, 1938, p. 318-23.

Syntaxe du français contemporain. III. L'infinitif. København, 1943.
Rohlfs, G., in *Archiv für das Studium der neueren Sprachen*, 1948, p. 185.
Wartburg, W. von, in *Zeitschrift für romanische Philologie*, 65, 1949, p. 484-85.

Syntaxe roumaine. II Les groupes de mots. København, 1960.
Avram, M., in *Studii şi Cercetări lingvistice*, Bucureşti, 12, 1961, p. 588-94.
Gardette, P., in *Revue de Linguistique Romane*, 25, 1961, p. 202-03.
Messing, G.M., in *Erasmus. Speculum Scientiarum*, Wiesbaden, 16, 1964, p. 351-55.
Popinceanu, I., in *Zeitschrift für romanische Philologie*, 78, 1962, p. 574-77.

Syntaxe roumaine. III Structure de la proposition. København, 1962.
Boléo, Paiva, (nota bibliográfica) in *Revista Portuguesa de Filologia*, Coimbra, XII, 2, 1962-63, p. 741.
Kirou, V., in *Studia Neophilologica*, 36, 1964, p. 178-80.
Popinceanu, I., in *Zeitschrift für romanische Philologie*, 80, 1964, p. 416-18.

NÉCROLOGIES

Le français moderne, 11, 1943, p. 80.

Alsted, Jakob, in *Vejlenseren*, nov. 1942.

Blinkenberg, Andreas, *Kristian Sandfeld*, in *Politiken*, 17.1. 1943.

Brøndal, Viggo, *Professor Kristian Sandfeld død*, in *Nationaltidende*, 24.10.1942.

Capidan, Th., in *Langue et Littérature*, Bucureşti, 1943, p. 292-93.

Hjelmslev, Louis, *Kr. Sandfeld (Nécrologie)*, in *Acta Linguistica*, 3, 1942-43, p. 136-39.

Jud, Jakob, *Kristian Sandfeld. 17. Januar 1873 – 22. Oktober 1942*, in *Vox Romanica*, 6, 1941/42, p. 400-01.

Lombard, Alf, *Kristian Sandfeld*, in *Zeitschrift für Romanische Philologie*, LXIV, 1944, p. 441-48.

Melander, J., in *Studia Neophilologica*, 16, 1943/44, p. 183-84.

Pedersen, Holger, *Kristian Sandfeld, 17. januar 1873 – 22. oktober 1942*, Tale i Videnskabernes Selskabs Møde den 5. Februar 1943 (discours commémoratif dans La Sociétè des Sciences, 5.2.1943).

Roques, Mario, *Chronique. Kristian Sandfeld*, in *Romania*, LXVII, 1942-43, p. 279-80.

Rosetti, Alf, *Nécrologie. Kristian Sandfeld*, in *Bulletin Linguistique*, X, 1942, p. 126-28.

Sten, Holger, *Jens Kristian Sandfeld*, in *Festskrift, Københavns Universitet*, nov. 1943, p. 116-22.

OUVRAGES LINGUISTIQUES
AVEC RÉFÉRENCE À L'OEUVRE DE KR. SANDFELD

Banfi, Emanuele, *La linguistica balcanica tra linguistica storica, linguistica contrastiva e metodo storico*, in Calleri, Daniela e Marello, Carla (a c. di), *Linguistica contrastiva*, Roma, 1982, p. 49-65.

Banfi, Emanuele, *La linguistica balcanica in Italia: origini, evoluzione e linee teoriche*, in *Linguistica*, XXXII, 1992, p. 65-73.

Ekwall, Eilert, *The Fourth International Congress of Linguists, Notes and News*, in *English Studies*, XVIII, 1, 1936, p. 254-56.

Eriksson, Olof, *La Phrase Française*, Göteborg, 1993.

Giese, Wilhelm, *Balkansyntax oder thrakisches Substrat?*, in *Studia Neophilologica*, XXIV, 1952, p. 40-54.

Huot, Hélène, *Constructions infinitives du français. Le subordonnant DE*, Genève, 1981.

Lombard, Alf, *Les Membres de la Proposition française. Essai d'un classement nouveau*, in *Moderna Språk*, XXIII, 1929, p. 202-53.

Mihail, Zamfira, *La géographie ethnolinguistique dans la recherche comparée des langues sud-est européennes*, in *Revue des Études Sud-Est Européennes*, XXX, 1992, 1-2, p. 19-26.

Miklosich, Fr., *Vergleichende Grammatik der slavischen Sprachen*, t. IV, Wien 1868-74.

Pedersen, Holger, *Albanesisch. 1904*, in *Kritischer Jahresbericht über die Fortschritte der Romanischen Philologie*, VIII, 1, 1904, p. 214-17.

Rohlfs, Gerhard, *La perdita dell'infinito nelle lingue balcaniche e nell'Italia meridionale*, in Rohlfs, Gerhard, *Studi e ricerche su lingua e dialetti d'Italia*, Firenze 1972, p.318-32.

Roques, Mario, *Recherches sur les conjonctions conditionnelles să, de, dacă, en Ancien Roumain*, in *Romanische Forschungen*, XXIII, 1907, p. 825-39.

Skytte, Gunver, *Kr. Sandfeld. En hovedperson i dansk romanistiks historie*, København 1991.

Storm, Joh., *Større fransk Syntax I. Artiklerne*, Kristiania og København 1911.

Tagliavini, C., *Stratificazione del lessico albanese*, Padova, 1943.

Terracini, Benvenuto A., *Il IV Congresso internazionale dei Linguisti, Cronaca*, in *Archivio Glottologico Italiano*, XXVIII, 1936, p. 178-80.

Thau-Knudsen, Erik, *Kristian Sandfeld og Linguistique balkanique*. Københavns Universitet. Thèse préliminaire. 1989.

Togeby, Knud, *L'infinitif dans les langues balkaniques*, Romance Philology, 15, 1962, p. 221-33.

Wartburg, Walther von, *Einführung in Problematik und Methodik der Sprachwissenschaft*, Halle 1943 (trad. fr. *Problèmes et méthodes de la linguistique*, Paris 1946, p. 109)

Weigand, Gustav, *Rumänische Sprache*. 1904, *Kritischer Jahresbericht über die Fortschritte der Romanischen Philologie*, VIII, 1, 1904, p. 103-06 et p. 110.

Weinreich, U., *Languages in contact: findings and problems*. The Hague, 2. éd., 1963 (1. éd. 1953).

RÉFÉRENCES BIBLIOGRAPHIQUES

Barr, Kaj, *Hedvig Olsen, 15. juli 1892 – 21. april 1950*, (nécrologie), in *Festskrift, Københavns Universitet*, 1950.

Bourquin, Jacques, *Léon Clédat (1850-1930) et la Revue de Philologie Française*, in Huot, Hélène, *La grammaire française entre comparatisme et structuralisme 1870-1960*, Paris 1991, p. 25-72.

Brekle, Herbert Ernst, *Einführung in die Geschichte der Sprachwissenschaft*, Darmstadt 1985.

Densusianu, Ovid, c. r. de *Travaux du Cercle linguistique de Prague*, 1-4, Prague, 1929-1931, in *Grai și suflet*, 5, 1931-32, p. 366-70.

Jensen, Povl Johs., *J.N. Madvig. Avec une esquisse de l'histoire de la philologie classique au Danemark*, Odense 1981.

Jespersen, Otto, *Studier over engelsk Kasus. Første Række. Med en indledning: Fremskridt i Sproget*, København 1891.

Jespersen, Otto, *Progress in Language with Special Reference to English*, London 1894.

Malkiel, Yakov, *Die sechs Synthesen im Werke Wilhelm Meyer-Lübkes*, Wien 1989.

Meillet, Antoine, *Linguistique historique et linguistique générale*, Paris 1921.

Meillet, Antoine, *Introduction à l'étude comparative des langues indoeuropéennes*, Paris 1903.

Meyer-Lübke, Wilhelm, *Zur Geschichte des Infinitivs im Rumänischen*, in *Abhandlungen Herrn Prof. Dr. Adolf Tobler*, Halle 1895, p. 79-109.

Olsen, Hedvig, *Étude sur la syntaxe des pronoms personnels et réfléchis en roumain*, København 1928.

Skydsgaard, Sven, *La combinatoria sintáctica del infinitivo español*, I-II, København-Madrid 1977.

Skytte, Gunver, *La sintassi dell'infinito in italiano moderno*, København 1983.

Skytte, Gunver, *L'histoire des grammaires des langues romanes en Scandinavie*, in Holtus, Günter/Metzeltin, Michael/ Schmitt, Christian (edd.), *Lexikon der Romanistischen Linguistik*, Vol. I (20 pp.), en préparation.

Spang-Hanssen, Ebbe, *L'élaboration et la publication de la «Grammaire Française» de Knud Togeby (5 volumes, 1982-1985) a partir du manuscrit de l'auteur*, in: Suomela-Härmä, Elina/Välikangas, Olli (edd.), *Actes du 9e Congrès des Romanistes Scandinaves Helsinki 13-17 août 1984*, Helsinki, Société Néophilologique, 1986, p. 353-65.

Sten, Holger, *Les temps du verbe fini (indicatif) en français moderne*, København 1952.

Swiggers, Pierre, c. r. de Brekle, H.E., *Einführung in die Geschichte der Sprachwissenschaft*, Darmstadt, 1985, in *Orbis*, XXXIV, 1985-87, p. 248-53.

Swiggers, Pierre, *La conception du changement linguistique chez Antoine Meillet*, in *Folia Linguistica Historica*, VII, 1, 1986, p. 21-30.

Swiggers, Pierre, *Antoine Meillet et la méthode en linguistique*, in Aarsleff, Hans/ Kelly, Louis G. / Niederehe, Hans-Josef (eds.), *Papers in the history of linguistics*, Amsterdam, 1987, p. 595-606.

Tagliavini, C., *Storia della linguistica*, Bologna 1963.

Table des matières

Préface 1

I. In memoriam Kr. Sandfeld 3

II. Jeunesse et débuts dans le monde des sciences . . . 10

III. Cours de syntaxe française (Tartarin sur les Alpes) 35

IV. Linguistique générale (1910-1920) 46

V. Lexicographie et philologie balkanique (1920-1930) 58

VI. Les grandes oeuvres syntaxiques (1930-1942) 79

VII. Les dernières années de Sandfeld
Les élèves et les collègues 94

VIII. Épilogue 100

Bibliographie de Kr. Sandfeld 103